나에게 생생한 복음

김용의 선교사의 날마다 생생한 복음 시리즈 1

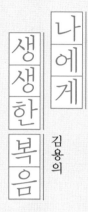

나에게
생생한 복음

김용의

규장

날마다 초조하고 맥 빠지는 복음이 아니라
오늘 나에게 생생한 복음입니다!

예루살렘 양문 곁에 베데스다(자비의 집)라 이름하는 못이 있는 데 많은 사람들이 치유의 기적을 바라고 하염없이 기다리고 있습니다. "이는 천사가 가끔 못에 내려와 물을 움직이게 하는데 움직인 후에 먼저 들어가는 자는 어떤 병에 걸렸든지 낫게 됨이러라"(요 5:4). 분명 기적 같은 능력이 일어나긴 하는데, 언제 일어날지 모르니 모두 아무것도 하지 않으면서 거기를 떠나지도 못합니다. 또 먼저 못에 들어가는 사람만 낫는다고 하니 확신도 없이 경쟁심과 요행만을 바라며 기다리고 있는 것입니다. 그러니 아직 고침 받지 못한 채 남아 있는 많은 이들에게 베데스다의 기적의 복음은 날마다 초조하고 맥 빠지는 복음일 수밖에 없습니다.

그러나 예수님은 "명절 끝날 곧 큰 날에 예수께서 서서 외쳐 이르시되 누구든지 목마르거든 내게로 와서 마시라 나를 믿는 자는 성경에 이름과 같이 그 배에서 생수의 강이 흘러나오리라 하시니 이는 그를 믿는 자들이 받을 성령을 가리켜 말씀하신 것이라"(요 7:37-39), "내가 주는 물을 (항상, 계속 - 저자 첨가) 마시는 자는 영원히 목마르지 아니하리니 내가 주는 물은 그 속에서 영생하도록 솟아나는 샘물이 되리라"(요 4:14)라고 말씀하셨습니다.

그러므로 오직 믿음으로 사는 성도에게, 세상에 살지만 하늘에 속한 천국 시민에게는 예수님의 복음이야말로 날마다 생생한 복음입니다. 그들에게는 가끔씩 요행히 몇몇 사람에게만 해당되고, 쓸쓸히 쳐다만 보아야 하는 그런 복음은 존재하지 않습니다. 누구든지 믿고 순종하는 사람에게는 날마다 생생한 복음이 있을 뿐입니다. 복음이면 충분합니다.

팬데믹과 나라와 교회 안팎의 위기 앞에서도 우리는 혈과 육이 아닌 영과 진리로 복음의 전신갑주를 입고 승리하는 교회로 일어서야 합니다. 이제 사랑하는 형제자매님들과 함께 우리에게 주어진 소중한 생애의 날들을 정말 생생한 복음으로 누리며 주님과 동행하는 놀랍고 신바람이 나는 매일매일이 되기를 소망하면서 날마다 생생한 복음으로 출발합니다!

서문 2

비상한 위기의 순간을 지나는 모든 분들에게

화가 잔뜩 났습니다. 한숨이 자주 나옵니다. 어처구니없는 일들이 이곳저곳에서 들려옵니다. 또 무슨 일이 터질까 조마조마한 마음으로 눈을 뜹니다. 고통스럽고 무기력하고 불안한 마음이 떨쳐지지 않습니다.

코로나 팬데믹이 가져다준 일상에 더하여 모든 것이 다 막히고 길이 없을 때, 그때야말로 열려·있어야 할 교회가 ─ 도피성, 구원의 방주, 피난처, 아버지의 집, 하나님의 전 ─ 맨 먼저 문을 닫고 교회발 코로나, 방역이라는 완장을 차고 무소불위의 권력을 휘두르는 공권력의 선동 앞에 혼비백산하고 숨죽이는 우리의 모습에 절망합니다.

패자에게 매일은 비참합니다. '내게서 나올 것은 아무것도 없구나.' 고개를 떨구는 그때, 비로소 잃어버렸던 가장 소중한 것을 깨닫게 되었습니다. 이 현실보다 더욱 생생한 사실이 있다는 것을! 탕자에게 돌아갈 아버지의 집이 있고 야곱에게 산 소망의 벧엘이 있듯이 다 끝난 죄인에게 십자가의 복음이 있습니다.

쫓겨 도망가는 길에서는 보이지 않던 것이 깨닫고 돌아서서 보면 날마다 기적인 삶이었던 것을…. 용서받은 죄인, 은혜 입은 자들, 자포자기의 광야 샘 곁에서 생수 되신 예수 그리스도를 만난 수가성 여인, 일곱 귀신 들렸던 막달라 마리아, 두려워 부인하고 도망쳤던 제자 베드로, 핍박자요 폭행자였던 죄인 중 괴수인 사도 바울, 깨진 질그릇 같던 쓸모없는 죄인 나에게 십자가의 지독한 사랑으로 함께하시게 된 예수 그리스도!

사망의 골짜기든 원수의 목전이든 주와 함께 걷는 이 길은 한순간도 놓칠 수 없는 생생한 믿음의 길임을, 그곳에서 만나는 복음이야말로 날마다 생생한 복음임을, 나에게 생생한 주님임을 나누고 싶었습니다. 주님을 사랑하는 모든 분들과 비상한 때 위기의 순간을 지나는 모든 분들에게, 그리고 저에게도!

김용의

PART 1

아버지의
약속하신
성령

생생한 복음의 증인 마리아여

"막달라 마리아가 가서 제자들에게 내가 주를 보았다 하고 또 주께서 자기에게 이렇게 말씀하셨다 이르니라"(요 20:18). 이것은 막달라 마리아가 발견한 놀라운 부활의 아침에 대한 아주 구체적이고 분명하고 생생한 증언입니다. 그런데 사실 이날은 예수님이 십자가에서 죽으시고 무덤에 묻힌 지 사흘째 되는 날로 가장 암울하고 모든 소망이 끝나버린 것 같은 날이었습니다. 아무도 부활을 믿을 수 없었습니다. 그러니 얼마나 막막하고 절망적이었겠습니까? 안식 후 첫날 이른 새벽, 막달라 마리아는 어떤 기대도 할 수 없고 깊은 슬픔에 잠길 수밖에 없었지만, 자석에 이끌리듯 무덤을 찾아갔고 무덤을 막았던 돌이 옮겨져 있는 것을 보게 됩니다.

예수 십자가 사건이 가장 충격적이었던 마리아
특별히 요한복음은 막달라 마리아의 증언에 주목합니다. 예수 십자가와 부활 사건에는 여러 증인들이 등장합니다. 그런데 성경은 특별히 막달라 마리아가 부활하신 예수님을 만난 사건을 디테일하게 소개하고 있습니다. 그것은 우리에게 무언가 전달해주고 싶은 것이 있다는 것입니다.

막달라 마리아는 그다지 존재감이 없는 사람입니다. 심지어 일곱 귀신 들렸던 여인이었습니다. 그래서 아무도 가까이하기 싫어하고 스스로도 자신의 가치를 찾을 수 없는 초라하고 비참한 삶을 살았던 사람입니다. 그렇다면 일곱 귀신 들렸던 이 마리아가 어떻게 해서 예수님의 부활에 대해 생생한 증언을 해줄 수 있는 능력 있는 부활의 증인이 된 것일까요?

일곱 귀신이 들렸다는 표현은 불편하거나 질병의 수준 정도가 아니라 그의 전 존재, 전 인격이 마귀에게 완전히 잡혀 있었다는 것을 의미합니다. 그러니까 일곱 귀신 들렸던 막달라 마리아의 삶은 예수님을 만나기 이전(BC)과 예수님을 만난 이후(AD)로 완전히 나뉘게 됩니다. 정말 끔찍한 사탄의 노예의 삶에서 예수님을 만나 완전한 자유와 사랑을 누리는 삶으로 변화된 것입니다.

예수님을 만난 모든 사람이 예수님은 내게 소중한 분이고, 예수님과의 만남이 충격이며 감격이고 나의 전부라고 말하겠지만, 막달라 마리아의 경우는 그 어떤 사람보다 더욱 그럴 것입니다. 막달라 마리아는 예수님을 문자적으로, 교리적으로 만난 것이 아닙니다. 사람들에게 버려지고 마귀에게 완전히 짓밟힌 인생이었는데, 주님을 만나 그의 영혼이 구원을 받았습니다. 또한 예수님은 막달라 마리아에게 영적인 의미에서 주님이신 것만이 아닙니다. 그의 실제 삶 가운데 그의 모든 부분에서 예수님을 빼고는 막달라 마리아 자신을 말할 수 없게 되었습니다. 말 그대로 예수님이 전부가 된 것입니다. 막달라 마리아에게 예수님은 그녀의 삶의 실제이자 전부였습니다.

그러니 그 마리아가 예수님의 십자가 사건을 겪으며 얼마나 큰 상실감과 슬픔을 느꼈겠습니까? 얼마나 큰 절망의 고통을 겪었겠습니까? 예수님이 십자가에서 비참한 모습의 시신으로 내려지고, 그 시신이 차디찬 돌무덤에 묻히는 것까지 따라가보고, 안식 후 첫날 새벽이 되었을 때는 도저히 참을 수가 없었을 것입니다. 부활을 기대했다고 억측할 수는 없겠지만, 그럼에도 불구하고 가만히 있을 수 없어 꼭두새벽에 예수님이 묻혀 있는 그 무덤으로 달려갑니다.

빈 무덤을 떠날 수 없는 마리아

여러분, 이때 제자들이 어떤 형편에 있었는지는 잘 모르겠습니다. 다만 돌이 무덤에서 옮겨진 것, 예수의 시신이 무덤에 없는 것을 발견한 막달라 마리아가 이 사실을 베드로와 요한에게 말했을 때 그 자리에 베드로와 요한만 있었던 것은 아닌 것 같습니다. 그런데 놀라서 무덤으로 달려온 제자는 베드로와 요한 두 사람뿐이었습니다. 하지만 두 제자 역시 무덤이 비었다는 것과 세마포 수의가 개어져 있는 것을 보고 나서 자기들의 집으로 돌아갔습니다.

그러나 막달라 마리아는 그냥 돌아갈 수 없었습니다. 막달라 마리아에게 주님이 어떤 분입니까? 막달라 마리아는 다른 사람이 무엇을 하든지 안 하든지, 꼭 그래야 하는지 아닌지, 이런 것에 전혀 상관하지 않았습니다. 자신에게 너무 특별한 주님의 무덤이 비어 있고 그 시신이 없어졌는데 어떻게 가만있겠습니까? 마리아는 그럴 수 없었습니다. 도대체 예수님의 시신이 어디 갔는지 무덤 밖에 서서 울며 그 자리를 떠나지 않습니다.

주님이 살아 계시고 하늘 아버지가 그 광경을 다 보고 계시는데, 저렇게 두면 영영 그 자리를 떠나지 않을 것만 같습니다. 그러니 하나님께서 천사를 동원하지 않을 수가 없지요. 천사 둘이 하나는 예수의 시체가 뉘었던 곳 머리 편에, 다른 하나는 발 편에 앉아 예수님의 시신이 없는 무덤에서 마리아를 위로합니다.

결국 부활하신 예수님이 마리아에게 "여자여 어찌하여 울며 누구를 찾느냐"(요 20:15)라고 말씀하십니다. 마리아는 그가 동산지기인 줄 알고 "당신이 예수님의 시신을 옮겨놓았다면 어디

나에게 생생한 복음

에 두었는지 알려주십시오. 그러면 제가 그 시신을 모셔가겠습니다"라고 하자 예수께서 "마리아야" 하고 그를 부르셨습니다. 마리아가 돌아서서 예수님을 부르자 예수님은 "나를 붙들지 말라 내가 아직 아버지께로 올라가지 아니하였노라 너는 내 형제들에게 가서 이르되 내가 내 아버지 곧 너희 아버지, 내 하나님 곧 너희 하나님께로 올라간다 하라"(요 20:17). 이렇게 정확히 말씀해주셨습니다.

울며 주님을 찾던 마리아는 결국 부활하신 예수님을 직접 만났습니다. 부활하신 주님을 보았고 그분이 자신에게 들려주신 말씀을 들었습니다. 그러니까 아주 확실하고 구체적으로 "내가 주님을 보았고, 주님이 내게 말씀하셨어요! 주님이 말씀하신 내용은 이러이러한 것입니다"라고 생생하게 증언했습니다.

내 주님의 부활, 오늘도 생생한 주님

그날은 예수님이 십자가에서 죽은 지 사흘째 되는 아침으로 두렵고 절망적이고 암울한 아침이었습니다. 그리고 예수님의 부활이라는 충격적인 사건이 일어난 부활의 아침이기도 했습니다. 모두에게 동일한 아침이자 동일한 사건이었는데도, 마리아에게는 그날이 너무 생생하고 정말 충격적인 새벽이었습니다.

왜 그렇습니까? 마리아에게 예수님이 너무 생생한 실제였기 때문입니다. 마리아에게 주님이 전부였기 때문입니다. 마리아에게 예수님은 남이 아니고 막연한 분이 아닙니다. 막달라 마리아가 일곱 귀신에게 사로잡혀서 살다가 주님을 만나 구원을 받았는데 그 주님이 자신의 전부가 되지 않는다는 게 말이 되겠습니까? 예수님이 십자가에서 고통당하실 때 그것은 예수님만의 고통이 아니었습니다. 그분의 죽으심을 나의 죽음으로 가장 생생히 느끼고 처절하게 통곡하며 자신의 것으로 겪었을 사람이 바로 마리아입니다.

그 처절한 절망과 고통 끝에 맞이한 부활의 사건이 마리아에게 어떻게 생생한 복음이 아니겠습니까? 마리아에게는 예수님의 십자가와 부활이 너무도 생생한 사건이었습니다. 마리아에게 그날 아침은 진부한 여느 아침이 아니었습니다. 그런데 모두에게 다 그렇지는 않습니다. 십자가와 부활이 아무 감동이 되지 않는 이들에게 오늘 하루는 그냥 지루하고 짜증나고 아무 변화도 없는 그렇고 그런 날일 뿐입니다.

"내가 그리스도와 그 부활의 권능과 그 고난에 참여함을 알고자 하여 그의 죽으심을 본받아 어떻게 해서든지 죽은 자 가운데서 부활에 이르려 하노니"(빌 3:10-11). 사도 바울도 그리스도의 십자가와 부활의 능력을 알아서 그 고난에 동참하여 부활에 이르기를 원한다고 했습니다. 이런 사도 바울과 마리아에게 있어서 진부한 순간이 있을까요? 막막하고 짜증나는 하루가 있을까요? 아니요. 어떤 상황 속에서도, 어쩌면 아무것도 보이지 않는 날이라 할지라도 그들에게는 날마다 새롭고, 날마다 생생한 복음이고, 오늘도 생생한 주님이셨을 것입니다.

하나님이 주목하시는 VIP

"누가 주의 마음을 알아서 주를 가르치겠느냐 그러나 우리가 그리스도의 마음을 가졌느니라"(고전 2:16). 주님을 감동시키는 사람들은 주님의 마음을 알아서 주님의 아픔이 내 아픔이 되고, 주님의 기쁨이 내 기쁨이 되고, 따라서 주님의 십자가와 부활이 전혀 진부한 이야기가 될 수 없는 사람들입니다. 오늘 하루가 그냥 주어지고 막연히 흘러가는 시간이 아니라 오늘이야말로 주님과 함께 날마다 생생한 복음으로 찾아오시는 주님을, 오늘도 생생한 주님으로 누리는 바로 그런 사람들입니다.

주님을 감동시킨 사람들 중에는 다른 마리아도 있습니다. 예수님이 이 땅에 오실 때 주님을 잉태하고 탄생시켰던 모친 마리아입니다. 처녀 마리아는 천사 가브리엘의 말을 듣고 이렇게 대답했습니다. "주의 여종이오니 말씀대로 내게 이루어지이다"(눅 1:38). 예수님의 성육신(成肉身), 너무 위대하고 놀라워서 우리에게는 막막하고 늘 멀게만 느껴지는 예수님의 탄생이 모친 마리아에게는 너무나 생생한 것이었습니다.

막달라 마리아와 동일한 마리아로 알려진 나사로의 누이 마리아는 예수님의 발에 향유를 부은 여인으로도 유명합니다. 예수님은 "온 천하에 어디서든지 복음이 전파되는 곳에는 이 여자가 행한 일도 말하여 그를 기억하리라"(막 14:9)라고 말씀하셨습니다. 마리아가 예수님을 이토록 감동시킨 것은 예수님을 위해 비싼 향유 옥합을 깨트렸기 때문만이 아닙니다. 예수님은 "그가 힘을 다하여 내 몸에 향유를 부어 내 장례를 미리 준비하였느니라"(막 14:8)라고 말씀하셨습니다. 마리아는 나사로의 부활을 경험하며 예수님의 십자가의 의미를 알았습니다. 그러니까 주님의 장례를 예비하며 옥합을 깨트려 가장 비싼 향유를 붓고 머리털로 닦고 그 발에 입맞추어 최고의 왕이신 주님이 가장 위대한 섬김으로 십자가를 향해 걸어가실 때 최고의 경배를 돌려드린 것입니다.

이 사람들이 하늘의 VIP입니다. 막달라 마리아는 부활의 참증인으로 부활 사건을 너무나 확실하고 구체적으로 증언했고, 그래서 날마다 생생한 복음을 오늘도 생생한 주님으로 누리는 아름다운 표상이 되어주었습니다. 이 땅에 사는 날 동안 우리가 날마다 생생한 복음으로 우리를 생생하게 이끌어 가실 그 주님과 함께 믿음의 여정을 걷게 되기를 축복합니다.

부활하신 주님을 만났을 때 형언할 수 없는 감격과 기쁨이 마리아를 충만케 했습니다. 예수님이, 복음이 당신에게 그러한 감격과 기쁨을 날마다 새롭게 가져다주고 있습니까? 막달라 마리아를 만나주신 주님을 바로 오늘, 내가 만나기 위해서는 어떻게 해야 할까요?

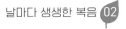

상관할 것 없다, 너는 나를 따르라

"예수께서 이르시되 내가 올 때까지 그를 머물게 하고자 할지라 도 네게 무슨 상관이냐 너는 나를 따르라 하시더라"(요 21:22). 사실 이 장면은 우리에게 정말 익숙한 요한복음 21장의 내용으로 제자들은 그 어느 때보다 무기력한 상태였습니다. 전력 질주로 달려온 3년, 그 끝에 예수님이 십자가에서 죽으시는 처참한 절망을 맞이하자 제자들은 더 이상 버틸 힘이 없었습니다. 주님이 부활하셨다고 하는데, 늘 같이 웃고 울며 주님과 함께 아침을 맞이했던 그들에게 부활은 그저 막막하고 초현실적인 상황처럼 느껴집니다.

베드로의 사명을 회복시켜주신 예수님

베드로를 비롯한 제자 여럿이 디베랴 바다로 가서 밤새 고기를 잡으려고 했습니다. 그러나 마치 실패한 자신들의 모습처럼 아무것도 잡지 못합니다. 그런데 탈진할 만큼 허기지고 지친 그들 앞에 예상치 않은 일이 벌어졌습니다. 그 자리에 예수님이 찾아오신 것입니다. 그 후 주님이 제자들을 위해 해주신 일은 다 표현할 수 없을 만큼 감동적이었습니다. 밤새 피운 숯불 위에 생선이 놓였고 떡도 있었습니다. 주님이 손수 아침을 준비하여 제자들에게 생선도 집어주시고 떡도 집어주셨습니다. 너무 큰 감동이다보니 실감이 잘 나지 않았습니다.

제자들이 조반을 먹은 후 예수께서 베드로에게 하신 유명한 질문이 있습니다. "요한의 아들 시몬아 네가 이 사람들보다 나를 더 사랑하느냐"(요 21:15). 그 말은 사실이었습니다. 베드로는 누구보다 주님을 사랑했습니다. 모두 주를 버릴지라도 자신은 결코 버리지 않으며 죽는 자리에도 가겠다고 했습니다. 하지만 비참했던 십자가 처형 전날 밤, 닭 울음소리가 들려온 이튿날 새벽, 베드로는 결정적으로 주님을 부인하고 저주하고 맹세하는 돌이킬 수 없는 실수를 저지르고 말았습니다.

기막힌 자기 존재의 절망만 남은 베드로에게 주님은 "네가 이 사람들보다 나를 더 사랑하느냐?"라고 물으십니다. 그러니까 이것은 주님이 베드로를 책망하려고 하신 것이 아니요 "네가 누구보다도 나를 더 사랑하려고 했던 것을 내가 안다"라는 말씀이었습니다. 그렇게 주님은 베드로에게 "예, 제가 주님을 사랑하는 줄을 주께서 아십니다"라는 대답을 다시 한번 받아내십니다.

이전에 베드로의 고백이 자기 의지에 충만한 대답이었다면,

지금 베드로의 고백이 똑같은 대답 같고 어쩌면 참 자신 없어 보이는 말이지만, 사실 이것은 운명적인 고백이었습니다. "예. 비참하게 실패한 것이 사실이지만, 저에게 있어서 주님은 어떤 사람들보다 소중하고, 제가 주님을 그들보다 더 사랑하는 것만큼은 달리 표현할 길 없는 사실입니다. 부끄러워도 저에게는 이 고백밖에 없습니다."

베드로의 이 대답을 받으신 주님도 "내 양을 먹이라"라고 말씀해주십니다. "네가 버리고 온 이 양들을 너에게 다시 맡긴다", 다시 말해 "네가 사도의 직분을 감당할 수 없어 도망쳤지만, 나는 이것을 너에게 다시 맡긴다"라는 의미로 베드로의 사명을 회복시켜주신 것입니다. 이어서 주님은 "네가 젊어서는 스스로 띠 띠고 원하는 곳으로 다녔거니와 늙어서는 네 팔을 벌리리니 남이 네게 띠 띠우고 원하지 아니하는 곳으로 데려가리라"(요 21:18)라고 말씀하심으로 베드로가 사명을 온전히 감당하고 마지막 죽음으로도 하나님께 영광을 돌리게 될 것을 말씀하셨습니다. 사명을 다시 회복시켜주신 것도 감당 못할 은혜인데, 백번 죽어 마땅한 자신에게 순교의 영광까지 주시겠다니 베드로에게는 더 바랄 것이 없는 기쁨이었습니다.

나에게 생생한 복음

주님이 우리에게 맡겨주신 복음

그런데 베드로에게 한 가지 질문이 생깁니다. 베드로 자신에게 주신 놀라운 은혜와 특권이 생생한 하나님의 은혜요 하나님의 복음인 것은 분명하지만, 누구보다 아꼈던 젊은 요한, 형제 많은 집안에 장남 같으면 집안이 어려울 때 막내가 제일 신경이 쓰이는 것처럼 요한이 가장 걱정이 되는 것입니다. 그래서 주님을 따르는 요한을 보며 물었습니다. "이에 베드로가 그를 보고 예수께 여쭈오되 주님 이 사람은 어떻게 되겠사옵나이까"(요 21:21). 사실 요한에 대한 걱정이란 베드로 자신 외에 다른 사람들에 대한 걱정이자 주님이 남기고 가실 이 땅의 교회에 대한 걱정이기도 할 것입니다.

기독교의 핵심 진리는 예수님의 죽음, 십자가와 부활입니다. 그러나 아직까지 그에게 부활은 생생하게 느껴지지 않고, 예수님의 십자가는 지금도 살 떨리는 두려움으로, 트라우마로 남아 있는 모진 사건입니다. 예수님이 만왕의 왕으로 오신 줄 알았는데 십자가에 죽으러 오셨고, 결국 처절하게 죽음의 길을 걸어가셨습니다. 그리고 이제 제자들도 그렇게 죽는다고 하니 걱정이 되는 것입니다. 게다가 요한복음 14-17장에 주님이 잡히시기 전 유언처럼 하신 말씀이 기록되어 있는데, 주님은 이미 교회가 수난당할 것을 말씀하셨습니다. 그러니 세상적이고 육적인 가치관으로 두려움을 안고 살아가는 우리에게 이 이야기는 보통 부담스러운 것이 아닙니다.

사실 그때로부터 지금까지 교회는 마르틴 루터의 고백처럼 영광의 신학보다는 십자가의 신학, 고난의 신학의 길을 걸어왔습니다. 스데반의 순교 이후 당장 예루살렘교회에 큰 박해가 일어나 믿는 사람들이 모두 흩어졌습니다. 이후 이방 교회들 역시 같은 어려움을 겪었습니다. 예수님이 제자들에게 보여주신 진리의 핵심은 '십자가'이고, 그 십자가로 살아가는 삶의 원리 역시 동일한 '밀알의 원리'입니다. 한 알의 밀이 땅에 떨어져 죽으면 많은 열매를 맺는 것입니다. 결국 죽음과 희생을 능력이라고 하는 것이 기독교 복음의 핵심입니다. 보이는 현실 그대로 말하면 망하라는 것입니다. 이것이 주님이 우리에게 맡겨주신 복음입니다.

보이지 않는 실제를 믿는 믿음

그 복음을 감내할 수 없어 도망친 베드로에게 주님이 다시 사명을 맡기시고 순교라는 마지막 죽음까지 알려주셨으니 무엇을 더 바라겠습니까. 그러나 베드로 자신은 그렇다 치고 두고 갈 후배들이 걱정입니다. 오늘 우리로 치면 우리 자녀들이 걱정이고 당장 어려움을 겪고 있는 나라가 걱정입니다. "장차 우리 아이들은 어떡하나? 시련의 기간을 통과해야 할 우리 교회는 잘 버텨낼 수 있을까?" 비단 우리만의 염려이겠습니까?

이렇게 생각이 복잡하고 질문이 많이 일어난다는 것은 한마디로 두렵다는 것입니다. 베드로가 요한을 염려하여 요한이 어떻게 될지 주님께 물었지만, 복음이 가진 양보할 수 없는 특성은 십자가와 밀알입니다. 그러니까 복음은 육정으로나 이 세상의 가치로는 도저히 받아들일 수 없는 것입니다. 고난과 희생이 능력이라니 생각만 해도 무겁고 칙칙하고 막막합니다. 내게 오면 안 될 거 같고, 심지어 믿음생활을 진실하게 하고 주의 일을 한다는 사람도 생생한 기쁨과 기대와 설렘을 누리기가 어렵고 우울할 것입니다.

그러나 우리의 짧은 인생처럼 한시적인 것 말고 영원, 천국, 하나님의 전능, 하나님의 통치 그리고 심판, 죄, 사탄 이것이 전부 사실이라면, 우리 눈에 보기에 화려한 음녀 바벨론과 같은 세상, 정사와 권세와 이 어둠의 세상 주관자들, 온 인류가 다 하나님을 대적하는 것 같은 타락한 세상의 문명, 장차 망할 성, 장망성(將亡城)의 모든 악과 어둠을 하나님께서 불로 심판하시는 것이 사실이라면 말입니다. 그리고 고난당하고 빼앗기고 존재감 없어 보이는 영광스러운 하나님의 교회가 바로 역사의 핵심이며, 계시록이 보여주듯이 눈에 보이는 이 세상의 역사가 아니라 보이지 않는 진정한 영의 역사, 하나님의 통치의 역사가 사실이라면, 보이는 현실보다 보이지 않는 실제를 믿는 믿음은 지극히 당연한 것입니다.

오늘 주님을 따르기에 충분한 이유

주님이 베드로에게 말씀하십니다. "내가 올 때까지 그를 머물게 하고자 할지라도 네게 무슨 상관이냐 너는 나를 따르라 하시더라"(요 21:22). 주님은 베드로가 주님을 따르는 일에 그의 수많은 염려와 근심이 아무 상관이 없다고 말씀하십니다. 복음으로 온 세계 열방을 정복하는 일에, 세상을 이기는 일에, 주님의 이름으로 오늘도 믿음으로 승리하는 일에 다른 것은 아무 상관이 없으니 두려워하지 말고 너는 나만 따르면 된다고 말씀하십니다.

"우리가 주목하는 것은 보이는 것이 아니요 보이지 않는 것이니 보이는 것은 잠깐이요 보이지 않는 것은 영원함이라"(고후 4:18). 우리는 보이는 것을 바라는 것이 아닙니다. 보이는 모든 것은 낡아지고 다 사라집니다. 우리의 겉사람은 낡아지지만 우리의 속사람은 날로 새롭게 됩니다. 따라서 우리는 보이는 것이 아니라 보이지 않는 것을 바라봅니다. "이는 우리가 믿음으로 행하고 보는 것으로 행하지 아니함이로라"(고후 5:7). "믿음은 바라는 것들의 실상이요 보이지 않는 것들의 증거니 선진들이 이로써 증거를 얻었느니라"(히 11:1-2). 우리는 보이지 않는 실제, 진리를 믿는 믿음으로 삽니다.

따라서 믿음으로 사는 사람은 현실에 주눅이 들어서 현실이 답답하고, 현실이 너무 두려워서 오늘도 너무 고단한 하루, 오늘도 너무 막막한 하루, 오늘도 너무너무 힘든 하루, 그럴 수가 없습니다. 우리의 소망은 생생합니다. 복음의 사랑은 막막한 것이 아닙니다. 너무나 생생합니다. 우리의 사랑은 현실적입니다. 진리가 결론입니다. 그러니 헛된 싸움을 그치고, 징징대지 말고, 반대 정신으로 하늘 가치로, 영을 따라 행하십시오. 아무 상관 말고, 아무것도 염려하지 말고, 계산하지 말고, 오늘 주님을 따르시기를 바랍니다. 날마다 생생한 복음, 오늘도 생생한 주님이 우리와 함께하십니다. 할렐루야!

오늘, 묵상 Devotion for Today

베드로의 사명을 회복시켜주신 주님께서 힘들고 버거운 세상을 살아가는 우리에게 오늘도 생생한 복음을 주십니다. 그래서 모든 근심과 걱정을 내려놓고, 기꺼이 고난받기를 각오하고 주님 따르기를 결정해야 합니다. 여러분은 주님의 뜻에 순종하여 주님을 영화롭게 하겠습니까?

끝까지 사랑하시니라

요한복음 19장에는 예수님이 십자가에 못 박혀 수난당하는 장면이 기록되어 있습니다. 특별히 요한복음에는 예수님이 십자가에서 하신 말씀, 즉 가상칠언 중에 세 마디의 말씀이 기록되었습니다. 첫째는 십자가에 달린 채 자기의 어머니와 사랑하는 제자가 십자가 곁에 서서 고통 중에 바라보고 있는 것을 보시고 하신 말씀입니다. "여자여 보소서 아들이니이다 ⋯ 보라 네 어머니라"(요 19:26-27). 두 번째는 "내가 목마르다"(요 19:28)라고 탄식하신 말씀입니다. 세 번째는 "다 이루었다"(요 19:30)입니다. 가슴이 먹먹하도록 우리를 사랑하신 주님의 그 사랑 중에서도 "세상에 있는 자기 사람들을 사랑하시되 끝까지 사랑하시니라"(요 13:1)라는 말씀의 은혜가 깊이 깨달아졌습니다.

어머니를 끝까지 사랑하심

첫째, 예수께서 하신 말씀 가운데 "여자여 보소서 아들이니이다 ⋯ 보라 네 어머니라"(요 19:26-27)를 보면 예수님이 모친 마리아를 사랑하는 제자 요한에게 "네 어머니다"라고 부탁하십니다. 사실 누가복음 2장에는 예수님이 열두 살 되었을 때 유월절이 되어 예루살렘에 가신 소년 예수, 공생애 이전에 예수님의 삶이 나옵니다. 절기를 마치고 돌아올 때 그가 일행 중에 있다고 생각했다가 찾지 못한 육신의 부모 요셉과 마리아는 예수를 찾아 예루살렘으로 되돌아갑니다.

사흘 후 그들은 성전에서 예수를 만나게 됩니다. 그때 마리아가 너무 놀라 어째서 이렇게 하였는지 나무라듯 말합니다. 그러자 예수께서 "어찌하여 나를 찾으셨나이까 내가 내 아버지 집에 있어야 될 줄을 알지 못하셨나이까"(눅 2:49)라는 정말 깜짝 놀랄 만한 이야기를 합니다. 그분은 원래 하나님이시고 하나님의 아들이십니다. 소년 예수는 이것을 분명히 알고 계셨다는 것입니다.

"예수께서 함께 내려가사 나사렛에 이르러 순종하여 받드시더라 그 어머니는 이 모든 말을 마음에 두니라"(눅 2:51). 누가복음 2장 51절에는 그 사건이 있고 나서 돌아온 예수가 여전히 그 부모를 받들어 순종하셨다고 표현되어 있는 것을 볼 수 있습니다. 인류 역사 가운데 말씀이 육신이 되어 오신 예수님, 그분을 자기 태중에 받았기에 맺어진 이 땅의 인연으로 마리아는 분명 어머니였고, 육신을 입은 소년 예수는 그의 아들이었습니다.

그러나 소년 예수는 당신 자신이 하나님이시고, 하나님의 본체라는 분명한 자각이 있었습니다. 사명으로 오셔서 사명에 따라 맺어진 관계였지만, 그는 전혀 손색이 없는 완벽한 마리아의 아들이었고 그분에게 마리아는 어머니였습니다. 십자가라는 죽음의 고통 가운데 있으면서도 슬픔으로 어찌할 바를 모르는 어머니 마리아를 오히려 사랑하는 제자 요한에게 부탁하고 "어머니, 당신의 아들입니다"라고 말씀하시는 주님의 마지막 모습을 떠올려보십시오.

십자가에서 끝까지 사랑하심

둘째, "내가 목마르다"라는 말씀입니다. 사실 예수님은 공생애를 통해서 지독한 목마름 가운데 있는 영혼들을 향해 "나는 생명수다"라고 누누이 말씀해주셨습니다. 특별히 사마리아의 수가성 우물가에서 만난 여인에게는 "너의 인생이 목마르고 또 목말라 끝없는 목마름에 헐떡이는구나. 그런데 이 우물물을 길어다 먹으면 다시 목마르겠지만 내가 주는 물을 마시는 자는 영원히 목마르지 않을 것이다"라고 말씀하십니다(요 4:13-14).

우리에게 생명수가 되어주시기 위해 자신의 생명을 내어주셨던 예수님은 오히려 목마른 우리의 대속이 되시기 위해 십자가에서 "내가 목마르다"라고 말씀하십니다. 우리의 목마름을 당신

나에게 생생한 복음

에게로 다 가져가시고 우리에게는 영원히 목마르지 않는 생수가 되어주신 예수님의 마지막이 탄식입니다.

셋째, 예수께서 "다 이루었다"라고 말씀하십니다. 사실 주님이 이 땅에 사신 33년이라는 짧은 생애 가운데 주님은 잊지 않고 늘 말씀하셨습니다. "이르시되 내게는 너희가 알지 못하는 먹을 양식이 있느니라 … 나의 양식은 나를 보내신 이의 뜻을 행하며 그의 일을 온전히 이루는 이것이니라"(요 4:32-34). 또한 주님은 십자가에 못 박히기 전날 밤 이렇게 기도하셨습니다. "아버지께서 내게 하라고 주신 일을 내가 이루어 아버지를 이 세상에서 영화롭게 하였사오니"(요 17:4).

무엇을 이루셨습니까? 저주와 멸망 가운데 죽을 수밖에 없는 불쌍한 영혼들을 너무나 사랑하셔서 우리의 모든 죄악을 전부 대신 담당하셨습니다. 그 심판과 고통을 지신 '대속'의 어린 양이 되어 십자가에서 죽으시고, 죗값을 철저히 치르시는 그 일을 다 이루셨다는 것입니다. 먼저 이 대속의 사역을 이루셨고, 다른 하나는 "세상 중에서 내게 주신 사람들"(요 17:6), 즉 제자를 삼는 사역을 이루셨습니다. "내가 하늘에서 내려온 것은 내 뜻을 행하려 함이 아니요 나를 보내신 이의 뜻을 행하려 함이니라 나를 보내신 이의 뜻은 내게 주신 자 중에 내가 하나도 잃어버리지 아니하고"(요 6:38-39)라는 것입니다.

주님은 십자가에서 죽음의 고통을 당하시면서도 이 세 마디 말씀을 하시는 마지막 모습을 보이십니다.

자기 사람들을 끝까지 사랑하심

요한 사도는 십자가 사건이 시작되는 바로 전날 밤에 이미 이렇게 기록하고 있습니다. "유월절 전에 예수께서 자기가 세상을 떠나 아버지께로 돌아가실 때가 이른 줄 아시고 세상에 있는 자기 사람들을 사랑하시되 끝까지 사랑하시니라"(요 13:1). 요한 사도는 끝까지 사랑하신 예수님의 사랑을 십자가에서 남기신 마지막 이 세 마디로 기억하는 것 같습니다.

그리고 요한복음 13장 이후에 기록된 내용들을 보면 예수님이 잡히실 때에도 자신은 무도하고 가혹한 그들에게 끌려가시면서 제자들을 위해서 이렇게 말씀하셨습니다. "너희에게 내가 그니라 하였으니 나를 찾거든 이 사람들이 가는 것은 용납하라 하시니"(요 18:8). 나를 잡았으니 저들은 놓아주라고 하십니다. 요한 사도는 여기에도 이렇게 주석을 달아놓았습니다. "이는 아버지께서 내게 주신 자 중에서 하나도 잃지 아니하였사옵나이다 하신 말씀을 응하게 하려 함이러라"(요 18:9). 그러니까 주님은 끌려가면서도 끝까지 제자들을 생각하신 것입니다.

십자가에서 자신도 죽음의 고통 중에 있으면서 어머니 마리아의 고통을 돌아보고 위로하며 요한에게 어머니를 부탁하시는 주님, 그 후 주님을 배반한 베드로와 제자들을 끝까지 찾아가시고, 부활을 믿지 못하는 그들의 부끄럽고 안타까운 모습조차 책망하지 않으시고, 한 사람 한 사람을 일으켜 다시 돌이키게 하시고, 끝까지 믿을 수 있도록 회복시켜주시는 분이 바로 우리 주님이십니다.

세상 끝날까지 함께하시는 사랑

그리고 주님은 약속하셨습니다. "내가 너희를 고아와 같이 버려두지 아니하고 너희에게로 오리라"(요 14:18). 절대 고아와 같이 버려두지 않고 끝까지 지켜주리라 말씀하십니다. 또한 성령님을 보내주시고 세상 끝날까지 항상 너희와 함께 있겠다고 하십니다.

"난 떠나는 게 아니야. 너희가 홀로 있는 게 아니야. 세상이 두려우냐? 힘드냐? 외로우냐? 너는 이전에 고아가 아니야. 넌 나와 영원히 분리될 수 없는 한 운명이 되었어. 비록 네 눈에 보이지 않아도 나는 눈에 보이는 것보다 더 분명하게 네 영혼 안에 성령으로 너와 함께한다. 의식중이든 무의식중이든 한순간도 빠짐없이 너를 사랑하고 보호하고 지킨단다. 너에게 필요한 것을 늘 공급하고 네가 결코 외롭지 않도록 함께한단다. 네가 실패했을 때나 성공했을 때나 밤이나 낮이나 나는 너를 끝까지 사랑하는 자란다."

사랑하는 형제자매님들, 혹시 병상이신가요? 아니면 지독히 외로운 곳에서 홀로 싸우고 계신가요? 실패의 순간, 혹은 끝날 것 같지 않은 이 코로나가 주는 불안감, 옥죄는 여러 가지 상황들 그리고 무엇보다 그 앞에서 무기력해진 자신을 보며 혹시 정말 메마른 땅을 걷는 것 같다는 생각이 들지는 않나요?

물론 우리의 연약함은 언제 어디서나 맞닥뜨리게 되는 현실입니다. 그러나 오늘만큼은 여전히 놀라우신 주님, 우리 구주 예수님이 우리를 끝까지 사랑하시는 그 사랑이 우리에게 있다는 것을 꼭 기억하시기 바랍니다. 그 주님이 나와 함께하시면 우리는 가장 행복한 사람입니다. 오늘은 주님의 은혜가 더욱 돋보이고, 그 은혜가 더 놀랍게 체험되는 하루가 될 것입니다. 사랑합니다. 할렐루야!

🌱 오늘, 묵상 Devotion for Today

어떤 상황이 여러분을 낙심시킵니까? 아무리 어려운 상황이라 할지라도 죽음보다 심각하지는 않을 것입니다. 하지만 우리를 향한 주님의 사랑은 죽음조차도 끊을 수가 없습니다. 이러한 예수님의 사랑이 내 영혼 가운데 확증되셨나요? 그 사랑을 기억하고 살아가십니까?

나에게 생생한 복음

아버지의 약속, 오직 성령으로만

동트기 전 새벽이 가장 어둡다는 말이 있습니다. 무엇이든 한 시대가 가고 새로운 시대가 오는 전환기에 더 혼란스럽고 큰 긴장이 일어납니다. 제자들은 예수님과 함께한 공생애 3년간 수많은 일들을 함께 겪었고 십자가와 부활까지 목도했습니다. 제자들의 입장에서 보면 그동안 육체로 계신 예수님이 직접 함께하셔서 설령 무슨 일을 만나더라도 예수님이 계시고, 예수님이 모두 해결해주셨기 때문에 큰 걱정이 없었습니다.

그러나 이제는 상황이 달라졌습니다. 예수님이 자신의 사역을 다 완성하시고 이제 떠날 때가 다가왔습니다. 예수님이 승천하시고 난 뒤에도 예수님을 대적하여 십자가에 죽이기까지 한 살기등등한 세상은 똑같습니다. 그 기세가 꺾이지 않고 어둠이 더욱 짙어진 가운데 예루살렘에 남겨진 제자들이 맞이한 상황은 결코 녹록하지 않았고 몹시 당황스러울 수밖에 없습니다. 예수님이 중심이었던 사역이 일단락되면서 이제 제자들을 중심으로 사역이 이루어져야 하는, 아주 중요한 전환기를 맞이하게 된 것입니다.

예수님이 사도들에게 가르치신 것들

그런 의미에서 사도행전은 이렇게 시작됩니다. "무릇 예수께서 행하시며 가르치시기를 시작하심부터 그가 택하신 사도들에게 성령으로 명하시고 승천하신 날까지의 일을 기록하였노라 그가 고난받으신 후에 또한 그들에게 확실한 많은 증거로 친히 살아 계심을 나타내사 사십 일 동안 그들에게 보이시며 하나님나라의 일을 말씀하시니라"(행 1:1-3). 그러니까 주님은 3년여의 공생애를 통해 택하신 사도들에게 이미 충분히 가르치셨다는 말씀입니다.

그렇다면 그들이 가장 중요하게 깨달은 것은 무엇일까요? 첫째, 그들은 세상에 대해 알게 되었습니다. 자신들이 살면서 그토록 사랑했던 세상, 그 세상에 최적화되어 세상의 일부로 살아왔는데 예수님의 부름을 받고 나서부터 그 세상이 얼마나 악하고 더럽고 소망이 없고 얼마나 하나님을 대적하는지를 깨닫게 된 것입니다.

"빛이 어둠에 비치되 어둠이 깨닫지 못하더라"(요 1:5). 요한복음에 "빛이 어둠에 비치되"라고 합니다. 빛은 예수님이고 어둠은 세상을 말합니다. 즉 예수님이 세상 가운데 오시니 빛이 어둠에 비친 것처럼 분명하게 대조를 이룹니다. 그런데 빛이 왔음에도 불구하고 어둠이 이 빛을 깨닫지 못했습니다. "그 정죄는

나에게 생생한 복음

이것이니 곧 빛이 세상에 왔으되 사람들이 자기 행위가 악하므로 빛보다 어둠을 더 사랑한 것이니라 악을 행하는 자마다 빛을 미워하여 빛으로 오지 아니하나니 이는 그 행위가 드러날까 함이요"(요 3:19-20). 사도들이 예수님을 따라 예수님의 편에 서서 드디어 세상에 가장 완전하시고 빛 되신 주님을, 그분의 참되심을, 하나님의 진리를 드러내시는데, 그 빛을 통해 겉으로는 그럭저럭 하나님을 섬기는 것처럼 보이고 괜찮아 보이던 유대인들의 어둠의 실체가 드러나기 시작합니다. 그런데 그냥 드러나는 정도가 아니었습니다. 그들은 "자기 행위가 드러날까 봐" 빛을 미워하여 빛으로 나아오지 않았습니다.

둘째, 그들은 하늘의 부르심에 대해 깨달았습니다. 그들은 하나님을 믿는다고 하고, 신앙생활을 한다고 하고, 예수님의 기적과 이사를 보며 감탄하고 충격을 받기도 했지만, 그들의 부르심이 어떤 것인지 잘 몰랐습니다. 그들의 부르심은 좀 더 낫고 개선된 세상이나 개량된 죄인 정도가 아니었습니다. 주님이 그들의 존재를 어떻게 부르셨느냐 하면 "하나님을 알고 그 영광과 덕으로써 썩어질 세상의 정욕을 피하여 신의 성품에 참여하는 자가 되게 하시려고" 부르셨습니다(벧후 1:3-4).

그러니까 하나님의 형상으로 창조하셨던 그 원형의 모습, 선하고 의로우신 하나님을 쏙 빼닮아 빛 되시고 진리 되시는 하나님의 형상에 다시 참여케 하려고 부르셨다는 것입니다. 결국 그냥 좋은 교인, 그저 괜찮은 시민 정도가 아니라 차원이 다른 신의 성품에 참여하는 자가 되게 하려 하신 것입니다. 거듭나서, 하늘 백성이 되어, 육을 따르지 않고 영을 따라 사는 자, 하나님의 나라와 그의 백성으로 부르셨다는 것을 깨달은 것입니다. 그러니까 예수님을 따른다, 예수님을 믿는다는 것은 하늘의 수준, 하나님의 수준이며, 신의 성품에 참여하는 부르심이었습니다.

셋째, 그들은 자신의 무능과 절망을 깨달았습니다. 자신의 최선과 자기 의가 얼마나 보잘것없는 것인지, 자신이 얼마나 불가능한 죄인인지를 깨닫고, 도저히 사람으로는 안 된다는 말이 탄식처럼 터져 나오게 되었을 것입니다. 이렇게 예수님은 세상에 대해서 가르치셨고, 그 세상 가운데 있는 제자들에게 하나님이 어떤 꿈을 가지고 그들을 부르셨는지를 알려주셨습니다. 그들은 이 하늘의 부르심 앞에 자기 힘으로는 이 부르심에 도달하거나 갈고닦아서 이룰 수 없다는 것을 아주 처절하게 깨닫게 되었을 것입니다.

약속하신 것을 기다리라

주님은 제자들에게 모든 것을 가르치고 그들을 위한 사역을 모두 마치신 다음 승천하시게 됩니다. 이제 사도들은 육신으로 함께하던 예수님 없이, 이 세상에서 예수 그리스도의 증인이 되는 삶을 살아가야 하고, 이것이야말로 인간의 최선이나 육체의 힘으로는 불가능하다는 것을 아신 주님이 그들에게 이렇게 당부하십니다. "사도와 함께 모이사 그들에게 분부하여 이르시되 예루살렘을 떠나지 말고 내게서 들은 바 아버지께서 약속하신 것을 기다리라"(행 1:4).

그렇습니다. 우리에게서 기대할 것은 아무것도 없고, 세상은 우리가 이길 수 있는 만만한 곳이 아닙니다. 그렇지만 그들 생각에 예루살렘만큼은 당장 떠나고 피해야 할 것 같습니다. 왜냐하면 주님이 이 말씀을 하시는 때를 기준으로 40일 전에 예수님을 처형했던 곳이 이 예루살렘이기 때문입니다. 서슬 푸른 독기로 승기를 잡아 이미 예수님을 죽음으로 처리해보았고, 사람들은 부활을 애당초 믿지 않으니 예수님을 죽일 때보다 더 득의양양해 있습니다.

그런데 주님은 지금 그 예루살렘을 떠나지 말라고 하십니다. 그러니 이것은 현실적으로 해답이 아닙니다. 우리는 이 위기의 상황을 빨리 해결할 수 있는 확실한 주님의 말씀, 기적 같은 하나님의 개입을 기대하고 있습니다. 그런데 이런 상황에 전혀 구애받지 않고, 모든 처지에 묶이지 않으시는 주님의 대답은 딱 하나, 예루살렘을 떠나지 말고 아버지께서 약속하신 것을 기다리면 된다고 하십니다.

날마다 생생한 복음 그리고 오늘도 생생한 주님을 누리는 우리의 삶 역시 예루살렘을 피하거나 그 상황을 벗어나는 것이 아닙니다. 예루살렘이 문제가 아닙니다. 예루살렘이기 때문에 주님의 능력이 제한을 받거나, 예루살렘에 있기 때문에 주님이 우리를 보호하실 수 없는 것이 아닙니다. 그보다 더한 곳에 있더라도, 아버지께서 약속하신 것만 이루어지면 됩니다. 그것은 바로 성령을 보내셔서 성령이 우리와 함께하시는 것입니다.

오로지 기도에 힘쓰더라

주님의 말씀을 들은 많은 사람들이 부흥의 전조라 할 수 있는 결론을 확실하게 붙잡았습니다. "여자들과 예수의 어머니 마리아와 예수의 아우들과 더불어 마음을 같이하여 오로지 기도에 힘쓰더라"(행 1:14). 가정이나 작은 공동체만 해도 좀 여유가 있으면 의견이 많습니다. 사공이 여럿이면 배가 산으로 가는 것처럼 결론이 나지 않았을 때는 서로 의견이 팽팽하게 갈라집니다. 그러나 부흥이 오려고 하면 모든 사람의 마음이 하나가 됩니다. "이제 끝났구나! 우리가 쳐다볼 데는 하늘밖에 없구나! 정말 주님이 개입해주시지 않으면 안 되겠구나!" 이것저것 다급한 여러 가지 일을 구하는 것이 아니라 우리에게 절대적으로 필요한 한

나에게 생생한 복음

가지를 구합니다.

우리 대한민국에도 이 코로나의 상황에서, 교회와 열방 가운데 지금 필요한 것은 오직 하나님의 손길, 하나님의 전능이라는 것을 깨달으면, 비록 처지와 형편은 서로 달라도 하나의 동작이 나옵니다. 그것은 마음을 같이 하여 오로지 기도에 힘쓰는 것입니다. 한 개인 역시 이런 고민, 저런 행동, 수많은 시도를 해보지만 여전히 삶의 초점을 붙잡지 못했다면 분주하고, 염려와 두려움이 많고, 생각, 근심, 시나리오가 많아집니다. 두리번거리며 이것저것 눈에 보이는 것을 찾아 헤맵니다. 하지만 그러다가 진짜 제대로 결론이 나면 하나님의 약속을 구명줄 잡듯이 붙잡고 하나님 앞에 기도하고 매달립니다.

누가복음 18장에서 주님은 억울한 과부가 불의한 재판장을 찾아가 응답을 받을 때까지 매달린 이야기를 하셨습니다. 왜냐하면 이 비유를 통해서 우리가 억울한 일을 당하고 도무지 다른 길이 보이지 않는 것 같을 때 항상 기도하고 낙심하지 말아야 한다고 가르치신 것입니다. 교회가 코로나 사태를 맞이했습니다. 그리고 상황이 이쯤 됐으면, 우리의 실상이 이 정도로 드러났으면, 사실 긴말할 것도 없고 다른 데 쳐다볼 일도 없습니다.

"다른 길 있나요? 주님이 도와주시지 않으면 아무 희망이 없어요", "나도 결론 났어요. 뭘 어떡해요? 기도해야지요!" 이 놀라운 일이 주님이 떠나시고 나서 이 땅에 남겨진 제자들의 결론이었다면, 날마다 생생한 복음을 오늘도 생생한 주님으로 누리는 우리에게도 이것이 결론입니다.

구하는 자에게 성령을 주시지 않겠느냐

마태복음 7장 7절, 누가복음 11장 9절 이하에서도 말씀합니다. "구하라 그리하면 너희에게 주실 것이요 찾으라 그리하면 찾아낼 것이요 문을 두드리라 그리하면 너희에게 열릴 것이니"(마 7:7). 어떻게 아버지가 밤낮 부르짖는 자녀들의 간구에 응답하지 않는다고 생각할 수 있습니까? 결론이 아버지밖에 없어서, 붙잡을 게 주님밖에 없어서 "아빠" 하고 매달리는데, 아버지가 어떻게 그 자식의 소리를 못 들은 척하겠습니까? 다급하게 부르는 아이의 비명소리를 외면한 채 엄마가 어떻게 다른 일을 할 수 있겠습니까?

"너희가 악할지라도 좋은 것을 자식에게 줄 줄 알거든 하물며 너희 하늘 아버지께서 구하는 자에게 성령을 주시지 않겠느냐 하시니라"(눅 11:13). 아들까지 내어주신 하늘 아버지는 구하는 자에게 좋은 것으로 주십니다. 우리에게 성령을 주십니다. 주님은 우리를 고아와 같이 버려두지 않고 우리에게 다시 오십니다. 주님이 육신으로 있을 때보다 더 좋은 방법은 예수의 영이신 성령께서 우리와 함께하사 무의식이든 의식이든, 밤낮을 가리지 않고, 졸지도 주무시지도 않고, 세상 끝날까지 항상 함께 있는 것입니다. 이보다 큰 위로가 어디 있고, 이보다 더 놀라운 일이 어디 있겠습니까.

사도행전 1장 14절은 한때 다급해서 취한 태도가 아닙니다. 그 후 탄생한 교회는 머리 되신 그리스도 안에서 마음을 같이 하여 오로지 주님만 의존하는, 주님만 산성으로 삼고, 주님만 피난처로 삼고, 주님만 능력으로 삼은 사람들입니다. 이것을 교회라고 합니다. 무식해도 괜찮고, 약해도 괜찮고, 능력이 없어도 괜찮은데 모든 사람이 할 수 있는 것이 있습니다. 아버지께서 약속하신 것을 기다리는 것입니다. 오직 성령이 우리에게 임하실 것입니다. 주님은 오늘도 그렇게 우리와 생생히 함께하십니다. 할렐루야!

🌱 오늘, 묵상 Devotion for Today

예수님께서는 제자들뿐만 아니라, 오늘 우리도 부르고 계십니다. 그 부르심 앞에 우리가 얼마나 불가능한 존재인지 직면하게 됩니다. 우리로서는 불가능하기 때문에 기도에 힘써야 합니다. 우리가 순종할 때 하나님께서 약속하신 것을 보내주실 것입니다. 모든 가능성을 내려놓고, 주님께 무릎으로 나아가시겠습니까?

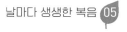

때를 아는 지혜를 주소서

사도행전 2장에 "오순절 날이 이미 이르매"(행 2:1)라는 구절이 있습니다. 이것은 역사상 매우 중요한 순간의 기록입니다. 예수님은 대속 사역을 이루시고 십자가와 부활 사건 이후 승천하시며 "아버지께서 약속하신 것을 기다리라. 성령이 너희에게 임하시면 너희가 권능을 받고 예루살렘과 온 유대와 사마리아와 땅끝까지 이르러 내 증인이 되리라"라고 약속해주셨습니다. 그런데 드디어 놀라운 그 날이 이미 이르렀다고 말씀하는 것입니다.

아직 하나님의 때가 아닌가, 이미 하나님의 때인가?

이 세상 역사에는 신비한 비밀이 숨겨져 있습니다. 그것은 역사 속에 흐르고 있는 하나님의 때, 하나님의 시간, 하나님의 카이로스가 있다는 것입니다. "범사에 기한이 있고 천하 만사가 다 때가 있나니"(전 3:1). 모든 일에는 기한이 있고 그 목적을 이룰 때가 있다는 말씀입니다. 날 때가 있고, 죽을 때가 있고, 심을 때가 있고, 거둘 때가 있고, 울 때가 있고, 웃을 때가 있고, 슬퍼할 때가 있고, 춤출 때가 있습니다.

하나님은 모든 것을 지으시되 때를 따라 아름답게 하셨습니다. 가장 아름다운 것은 때에 맞는 것입니다. 그래서 우리는 때를 무시하거나 건너뛸 수 없습니다. 따라서 우리에게 필요한 간구가 바로 "주님, 내게 때를 아는 지혜를 주소서"라는 기도입니다. 모세는 시편에서 "우리 날 계수함을 가르치사 지혜로운 마음을 얻게 하소서"(시 90:12)라고 기도했습니다. 농부도 씨를 뿌릴 때인지, 가꿀 때인지, 추수할 때인지를 알아서 그 때에 맞는 일을 합니다. 그리고 반드시 추수의 때가 있음을 믿기에 인내하고 기다릴 줄 압니다.

그러나 때에 대한 확신과 지혜가 부족하면 우리가 선을 행하면서도 낙심하거나 포기할 때가 있습니다(갈 6:9). 이것을 잘 아는 사탄은 우리가 하나님의 때를 바라보지 못하도록 영적으로 공격합니다. 바로 우리의 육정을 충동시켜서 보고 듣는 유한한 이 세상의 일들 때문에 두려움으로, 조급함과 낙심으로 하나님의 때를 바라보지 못하고 믿음이 흔들리게 하는 것입니다.

또한 소용돌이치는 역사의 현장에 있다보면 우리는 우리 눈에 보이고 아는 것 때문에 '아직은' 하나님의 때가 이르지 않았다고 생각하기도 합니다. 그러나 주님은 "너희는 넉 달이 지나야 추수할 때가 이르겠다 하지 아니하느냐 그러나 나는 너희에게 이르노니 너희 눈을 들어 밭을 보라 희어져 추수하게 되었도다"(요 4:35)라고 하시며 '아직은'이라는 우리의 판단과 '이미'라고 하는 '때'를 보는 차이에 대해 말씀하셨습니다.

곤고한 날, 아무 낙이 없다고 할 해가 이르기 전, 청년의 때에 창조주 하나님을 기억하라고(전 12:1) 권면하는 전도서 말씀도 있습니다. 청년의 때가 참 좋은 때이기는 합니다만 '나는 아직 젊고, 힘이 넘치고, 기회가 있어'라고 자칫 안일하고 미련하게 굴 수도 있습니다. 젊을 때가 있으면 반드시 늙을 때도 있습니다. 젊을 때와 늙을 때는 저 멀리 동떨어져 있는 것이 아닙니다.

하나님의 카이로스

가장 아름답고 정확히 맞아떨어지는 때는 하늘이 땅에 임하고 땅이 하늘에 화답하는 것입니다. 하늘이 비를 내리고 땅이 꽃을 피우는 자연의 때, 봄, 여름, 가을, 겨울, 사시(四時) 순환이 이루어집니다. 우리의 인생도 마찬가지입니다. 어릴 때는 어릴 때답고, 장성한 때는 장성한 때답게 사명과 본분을 다하는 것이 때에 맞는 아름다움입니다.

그런데 눈에 보이는 자연법칙만이 아니라 역사에 존재하는 하나님의 놀라운 때가 있습니다. 사실 하나님의 때야말로 역사의 본질이자 핵심입니다. 역사의 목적이기도 하고, 그것 때문에 기한이 정해지기도 하는 것이 바로 하나님의 때입니다. 무에서 유를 창조하신 '창조의 때', 하나님의 전적인 주권과 능력으로 이루신 '구원의 때'에 약속대로 예수님이 이 땅에 오셨고 십자가의 대속은 완성되고야 말았습니다. 그리고 드디어 성령이 강림하셔서 우리를 진정으로 회복해주시는 '회복의 때'가 있을 것을 말씀하셨는데, 그것이 "오순절 날이 이미 이르매"(행 2:1)라고 한 바로 그때입니다.

이것은 어떤 날짜나 눈에 보이는 절기가 아닙니다. 역사상 가장 중요한 하나님의 때, 하나님의 카이로스가 꽉 차서 드디어 주님이 예정하신 회복의 때가 이루어지게 되었다는 것입니다. 또 우리에게는 너무나 확실하게 기다리는 하나님의 정한 때가 있습니다. 바로 예수 그리스도의 재림으로 심판과 구원이 완성되는 '재림의 때'입니다. 이것이 역사의 본류입니다. 우리가 기억하는 세계사의 수많은 사건들은 이 역사의 본류(本流)에서 흘러나간 지류(支流)입니다.

오순절 성령 강림이라는 최고의 때

드디어 오순절 날, 놀랍게도 모두 한 마음 한 소망으로, 오직 아버지의 약속을 기다리며 다같이 한 곳에 모여 있었습니다. 이 장면이야말로 하나님은 약속하신 새 언약을 이루실 준비가 되셨고, 하나님의 백성은 하나님의 약속을 기다리며 약속하신 것을 온전히 받을 수 있는 일이 가능하게 된 것을 의미합니다.

하나님의 그 날, 꿈꾸는 것 같았던 날, 드디어 하나님의 복음이 실제가 되고 죄의 종노릇하던 우리가 진리로 자유케 되는 새 언약이 이루어졌습니다. 하나님은 그 일을 이루셨습니다. 즉, 오순절 성령 강림의 때는 인간이 범죄하여 에덴에 저주가 임한 이후 이 땅의 현실 역사 속에 이루어진 '최고의 때'라고 말할 수 있습니다. 하나님이 성령으로 인간 가운데 오심으로 이제는 육이 아닌 영으로 살아가는 하나님나라의 새 백성, 즉 교회가 탄생한 것입니다. 바로 성령 공동체가 된 것입니다.

"그러므로 이제 그리스도 예수 안에 있는 자에게는 결코 정죄함이 없나니 이는 그리스도 예수 안에 있는 생명의 성령의 법이 죄와 사망의 법에서 너를 해방하였음이라 율법이 육신으로 말미암아 연약하여 할 수 없는 그것을 하나님은 하시나니 곧 죄로 말미암아 자기 아들을 죄 있는 육신의 모양으로 보내어 육신에 죄를 정하사 육신을 따르지 않고 그 영을 따라 행하는 우리에게 율법의 요구가 이루어지게 하려 하심이니라"(롬 8:1-4). 아무리 좋은 율법을 받아도 그렇게 살 수 없었던 우리에게, 이제는 우리 안에 오셔서 성령으로 주님의 진리를 살아내는 하늘의 새 백성이 탄생하게 하셨습니다.

사도행전 2장 1절 이하에 이루어진 역사로, 지금이 바로 오직 믿음이면 충분한, 믿음으로 살 수 있는 은혜와 구원의 때가 되었다고 선포해주십니다. 이제는 죄의 종이요 하나님의 심판의 저주를 두려워하는 두려움의 종이 아니라 하나님의 자녀 된 신분으로 신랑 예수님을 즐겁게 기다리는 믿음의 사람들, 하나님의 때의 비밀을 아는 자들이 온전한 믿음으로 일어서서 거침없이 담대하게 순종할 때입니다.

"선을 행하되 낙심하지 말지니 포기하지 아니하면 때가 이르매 거두리라"(갈 6:9). 이제 낙심할 일은 우리에게서 끝났습니다. 왜냐하면 우리는 하나님의 손안에 있기 때문입니다. 십자가와 완전한 복음 안에 오직 믿음으로 들어섰다면, 죄와 사망의 법 아래서 사탄의 종노릇하고 살던 우리의 삶이 이제 예수 안에 있는 생명의 성령의 법으로 해방되어 성령을 따라 오직 믿음으로 순종하여 복음의 영광과 능력과 축복을 누리며 살아갈 수 있습니다. 날마다 생생한 복음, 그리고 오늘도 생생한 주님과 동행하며 나 죽고 예수로 사는 삶이 허락된 때입니다. 말세에 복음의 때입니다.

주하, 주님이 하십니다!
십자가의 복음 안에 오직 믿음으로 들어왔다면 아무 걱정하지 마십시오. 나의 운명은 이제 바뀌었습니다. 나의 주체가 바뀌었기 때문에 내가 사는 것이 아니요 오직 내 안에 그리스도가 사십니다. 나를 부르신 주님만 믿고 성령의 감동을 따라 믿음으로 진리의 길을 담대히 걸어가면 하나님의 때에, 하나님의 일을, 하나님이 친히 하십니다. "우리가 알거니와 하나님을 사랑하는 자 곧 그의 뜻대로 부르심을 입은 자들에게는 모든 것이 합력하여 선을 이루느니라"(롬 8:28). 반드시 선을 이룬다고 말씀하셨습니다. 이 사실을 알면 우리가 오늘도, 그리고 날마다 생생한 복음을 생생한 주님으로 누리며 살아갈 수 있는 것입니다.

구약성경은 이미 이 날을 바라보고 이렇게 선포합니다. "일어나라 빛을 발하라 이는 네 빛이 이르렀고 여호와의 영광이 네 위에 임하였음이니라 보라 어둠이 땅을 덮을 것이며 캄캄함이 만민을 가리려니와 오직 여호와께서 네 위에 임하실 것이며 그의 영광이 네 위에 나타나리니 나라들은 네 빛으로, 왕들은 비치는 네 광명으로 나아오리라"(사 60:1-3). 이사야 선지자는 꿈꾸는 것 같은 하나님의 영광의 약속을 바라보며 죽었습니다. 그런데 바로 이 오순절 날, 주님의 성령 강림으로 이 말씀이 지금 우리에게 그대로 임하게 하신 것입니다. "지금 우리가 살아가는 이 때에 어둠이 땅을 덮고 캄캄함이 만민을 가린 것 같겠지만, 그것은 사실이 아니야. 오직 하나님이 네 위에 임하시고, 하나님의 복음으로 이루신 영광이 네 위에 나타날 것이고, 이제 나라들은 네 빛을 바라보고 왕들은 네 광명으로 나오게 될 거야." 이 일을 역사 속에 실제로 이루신 지금이야말로 은혜받을 만한 때요 구원의 날입니다.

사랑하는 여러분, 모두 멈춰 선 것 같은 바로 이때, 다 실패한 것 같고, 혼자인 것 같고, 앞이 보이지 않는 것만 같은 이때, 이때가 하나님의 때입니다. 주님이 일하시는 때입니다. 때를 아는 사람은 낙심하지 않습니다. 그 때를 우리에게 허락하시고 성취해 가시는 주님을 믿는 사람은 오늘도 생생한 주님으로 그분과 동행합니다. 사랑합니다. 우리 주님이 함께하십니다.

🌱 오늘, 묵상 Devotion for Today
───

십자가의 복음 안에 믿음으로 들어오셨습니까? 내 모든 삶을 예수님께 걸기에는 '아직' 때가 차지 않았다고 생각하십니까? 우리를 위한 하나님의 모든 조치가 '이미' 완성되어 여러분 앞에 놓여 있습니다. 이 사실을 믿으며 주님께 나아가시겠습니까?

성령님이 오셨다는 기쁜 소식

"명절 끝날 곧 큰 날에 예수께서 서서 외쳐 이르시되 누구든지 목마르거든 내게로 와서 마시라 나를 믿는 자는 성경에 이름과 같이 그 배에서 생수의 강이 흘러나오리라 하시니"(요 7:37-38). 놀랍고 놀라운 소식, 온 세상에 외치지 않고는 견딜 수 없는 기쁜 소식이 있습니다. 바로 주님이 약속하신 성령이 오셨다는 소식입니다. 우리가 신앙생활을 하고 최선을 다하며 살아도 늘 채워지지 않고, 한계에 부딪혀서 헐떡이고 지치고 상하고, 한때는 뜨거웠지만 지금은 그렇지 못한 상태를 많이 경험하게 됩니다. 그런데 주님은 "나를 믿는 자는 그 배에서부터 생수의 강이 흘러나올 것이다"라고 말씀하십니다. 간절히 주님의 은혜를 사모하는 사람들, 심령이 곤고하고 목마름의 갈증이 있는 사람들이 들으면 깜짝 놀랄 말씀을 하신 것입니다. 더욱이 생수를 다른 데서 길어오거나 잠시 얻어서 갈증을 채우는 것이 아니라 내 뱃속에서부터 생수가 강이 되어 흘러넘치다니, 어떻게 이런 꿈같은 이야기를 하실까요? 어떻게 이것이 가능할까요? 이 세상 육체

가운데 살면서 이것이 가능할까요?

성령을 말씀하시는 예수님

그런데 주님은 "이는 그를 믿는 자들이 받을 성령을 가리켜 말씀하신 것이라"(요 7:39)라고 하십니다. 그러니까 육의 힘으로, 나의 최선으로 살다가 바닥날 수밖에 없는 우리에게 주님이 "그렇게 하면 안 돼. 내가 너희에게 놀라운 약속을 줄 텐데, 나를 믿는 자에게는 내가 성령을 보내서 성령이 너희 속에, 너희 영 안에 있어서 네 속에서부터 생수의 강이 터져 나오게 할 거야"라고 약속하신 것입니다.

사실 그 당시의 종교 지도자들, 서기관들도 다 압니다. 성경의 율법과 성전 의식을 행하는 사람들 중에도 목마름이 잔뜩 있다는 것을 말입니다. 그 사람들이 예수님을 찾아온 것을 보면 알수가 있습니다. 어려서부터 율법을 다 지켰다고 하는 부자 관리는 "내가 무엇을 하여야 영생을 얻으리이까"(눅 18:18-21)라고물으며 예수님을 찾아왔습니다.

밤에 몰래 예수님을 찾아온 니고데모도 있습니다. 그는 바리새인이고, 유대인의 지도자이고, 이스라엘의 선생이지만, 예수님이 기적을 행하시고, 성전을 깨끗하게 하시고, 놀라운 진리의 말씀을 선포하시는 것을 보고 그것이 하늘의 권능이라고 깨달

있습니다. 그분의 거룩함은 감히 흉내낼 수가 없었습니다. 자기도 말씀을 전하고 사람들을 가르치지만 자기 영혼의 모습은 자기가 제일 잘 알기 때문입니다.

그가 주님을 보고 목마름이 잔뜩 생겨서 직접 예수님을 찾아왔을 때 예수님이 그에게 하신 말씀도 성령에 관한 것이었습니다. "예수께서 대답하시되 진실로 진실로 네게 이르노니 사람이 물과 성령으로 나지 아니하면 하나님의 나라에 들어갈 수 없느니라 육으로 난 것은 육이요 영으로 난 것은 영이니 내가 네게 거듭나야 하겠다 하는 말을 놀랍게 여기지 말라"(요 3:5-7). 그러니까 예수님은 "육으로 난 것은 육이다. 네가 가지고 있고 자랑하는 유대인, 혈통, 바리새인, 산헤드린 공회 의원, 네가 평생 율법을 지키고 성전에서 예배드린 모든 것, 육신의 노력은 가상하지만 그 자체가 근원이 될 수는 없다. 육으로 난 사람으로는 안 돼. 거듭나야 해. 육으로 난 것은 육이요 성령으로 나야 영이다. 그러니 네가 거듭나야겠다는 내 말을 이상히 여기지 말아라"라고 하신 것입니다.

"육에 속한 사람은 하나님의 성령의 일들을 받지 아니하나니 이는 그것들이 그에게는 어리석게 보임이요 또 그는 그것들을 알 수도 없나니 그러한 일은 영적으로 분별되기 때문이라"(고전 2:14). 그렇습니다. 하나님의 거룩한 진리의 말씀대로 살아간다

나에게 생생한 복음

는 것은 사람의 최선으로, 육신으로는 안 됩니다. 역사가 이미 증언해주었습니다. 내내 교회 문화 속에 살고, 신학을 배우고, 예배당을 중심으로 아무리 성실하게 살아도 안 된다는 것이 금세 드러납니다. 무엇보다 자신이 가장 잘 압니다. 주님은 이것을 이미 간파하시고 니고데모에게 말씀해주셨습니다.

새 언약의 성취로 성령을 주심

주님은 공생애 내내 모든 결정적인 가르침과 기적과 놀라운 진리의 말씀들을 하셨습니다. 그러나 사람으로는 그 말씀을 다 알아들을 수도 없고, 말씀대로 사는 것이 불가능하다는 것을 아시고 보혜사 성령을 보내주실 것을 약속하셨습니다. 이것은 꿈만 같은 일입니다. 어떻게 죄인의 심령 안에 성령을 보내주신다는 말입니까.

하나님이 사람을 통해 초월적인 능력이나 기적을 나타내시는 일은 구약시대부터 늘 있어 왔습니다. 그런데 우리가 구약에서 가장 믿기 어려웠고, 그렇지만 하나님의 모든 약속을 가능하게 한 결론이 무엇입니까? 구약성경은 율법으로 성전으로 혈통으로 살아왔지만 내내 실패한 이스라엘의 이야기입니다. 그렇게 육으로는 실패할 수밖에 없는 모든 실상을 경험하고 절망 가운데 주저앉은 이스라엘에게 주님이 하신 말씀이 있습니다.

"그러나 그 날 후에 내가 이스라엘 집과 맺을 언약은 이러하니 곧 내가 나의 법을 그들의 속에 두며 그들의 마음에 기록하여 나는 그들의 하나님이 되고 그들은 내 백성이 될 것이라 여호와의 말씀이니라 그들이 다시는 각기 이웃과 형제를 가리켜 이르기를 너는 여호와를 알라 하지 아니하리니 이는 작은 자로부터 큰 자까지 다 나를 알기 때문이라 내가 그들의 악행을 사하고 다시는 그 죄를 기억하지 아니하리라 여호와의 말씀이니라"(렘 31:33-34).

주님은 말씀하십니다. "그 때가 오면 내가 새 언약을 세울 것이다. 새 언약은 너희가 알고 있는 모세와 세운 언약과는 다른 것이다. 율법과도 다른 것이다. 왜냐하면 너희는 그 말씀을 듣기는 들어도 이룰 수가 없었다. 타락하고 육적인 너희의 병든 옛 자아의 생명으로는, 그 어떤 눈물겨운 최선으로도 그것이 불가능하다. 너희 조상들이 다 그렇게 실패했고 너희도 실패했다. 하지만 내가 새 언약을 세우겠다."

새 언약의 핵심은 하나님의 법을 우리의 마음에 새겨주신다는 것입니다. "또 새 영을 너희 속에 두고 새 마음을 너희에게 주되 너희 육신에서 굳은 마음을 제거하고 부드러운 마음을 줄 것이며 또 내 영을 너희 속에 두어 너희로 내 율례를 행하게 하리니 너희가 내 규례를 지켜 행할지라 내가 너희 조상들에게 준 땅에서 너희가 거주하면서 내 백성이 되고 나는 너희 하나님이 되리라"(겔 36:26-28). 우리의 굳은 마음을 제거하고 부드러운 새 마음을 주시며 또 새 영을 주실 것이고, 이제는 하나님의 성령이 너희 안에 사시며 하나님의 말씀을 알게 하시고 하나님의 말씀을 지킬 수 있게 하시리라 말씀합니다.

이 꿈 같은 약속을 하시고 때가 이르자 드디어 예수님이 오셨습니다. 예수 십자가와 부활을 믿어 예수님과 함께 죽고 다시 산 우리에게 주시는 놀라운 약속의 마지막은 바로 성령을 보내주시겠다는 것입니다. "이 땅에 있는 너희의 모습, 너희의 처지가 바뀐다고 되는 게 아니야! 핵심은 네가 바뀌어야 해. 네가 스스로 바꾸는 것이 아니라 복음으로, 나와 함께 죽고 나의 생명으로 살게 된 너에게 약속대로 내가 네 안에 영원히 복음을 살아내게 하는, 예수 안에 있는 생명의 성령의 법이 되어 내주하시는 성령으로 오시면 새 언약의 약속이 그대로 이루어질 것이다. 더 이상 하나님의 말씀을 바라만 보고 탄식하는 자가 아니란다. 목마르고 또 목말라서 그저 물 한 바가지 떠서 먹는 자가 아니라 그 심령 안에 성령님이 계셔서 너와 함께하시고 너를 다스리실 것이다. 너는 성령이 계시는 성전이 될 것이다. 너는 그 배에서부터 생수의 강이 터져나오는 성령의 사람이 될 것이다." 이것은 예수님이 하신 모든 사역의 결론 같은 말씀이었습니다.

주를 믿는 자들에게 주시는 성령

"오순절 날이 이미 이르매"(행 2:1). 이제 드디어 정말 기다리고 기다리던 약속의 핵심, 본질, 주님이 이루신 모든 구원 사역이 우리에게 그대로 효험이 되어 나타나는 그 날이 되었습니다. 그들이 다같이 모여 있을 때 약속하신 대로 성령이 오신 것입니다. "홀연히 하늘로부터 급하고 강한 바람 같은 소리가 있어 그들이 앉은 온 집에 가득하며 마치 불의 혀처럼 갈라지는 것들이 그들에게 보여 각 사람 위에 하나씩 임하여 있더니 그들이 다 성령의 충만함을 받고 성령이 말하게 하심을 따라 다른 언어들로 말하기를 시작하니라"(행 2:2-4).

그러자 정말 꿈꾸던 일들이 벌어집니다. 두려워서 주님을 부인하여 도망하고 세상 앞에 주눅들어 있던 그들이 정말 성령이 그들 안에 오시자 오순절 날 모인 모든 유대인들 앞에서 "50일 전에 너희가 십자가에 못 박은 예수를 하나님이 주와 그리스도가 되게 하셨다. 너희가 바로 하나님이 약속한 메시아를 죽인 자들이다"라고 담대히 외칩니다. 이후로도 초대교회 강단의 메시지는 변질되거나 퇴색하지 않았습니다. 십자가와 부활 그리고 그를 믿는 모든 이에게 성령을 선물로 주셔서, 비록 이 땅에 살지만 하늘에 속하여 영을 따라 살아가는 하늘 백성들이 교회의 모습으로 드러났습니다. 겁먹지 않고, 세상 눈치 보지 않고, 시

　　　　　　　　　　　　　　　　　　　　나에게 생생한 복음

류를 따라가지 않고, 영원한 기쁜 소식, 주님의 십자가와 부활을 당당히 외쳤습니다.

놀라운 메시지가 강력한 성령의 권능으로 전해지자 그 말을 받아들이고 세례를 받은 신도의 수가 삼천 명이나 되었습니다. 그들은 억지로 교회에 끌려 나온 사람들이 아닙니다. 충격적인 역사의 순간, 삼천 명이 십자가의 복음을 정확하게 알아듣고 회개하였습니다. "예수님을 내가 죽였습니다. 십자가가 나의 십자가입니다." 자기들이 잡아죽인 예수를 메시아로 받아들이는 천지개벽보다 더 어려운 일이 일어났습니다. 목숨 걸고 거듭나서 완전히 다른 사람들이 되어 사도의 가르침을 받아 서로 교제하고 떡을 떼며 오로지 기도하기를 힘썼습니다.

우리가 얼마나 오래 믿으면 이런 모습이 나올까요? 얼마나 많이 신학을 연구하면 이런 결론에 도달할까요? 성령 충만하여 사도의 가르침을 받는 그들은 십자가와 부활의 복음을 그대로 알아들었습니다. 게다가 그들은 지식 따로 삶 따로가 아니라 말씀을 받자마자 모든 차이를 뛰어넘어 성령으로 한 백성이 되어 최초로 이 땅에 드러난 성령 공동체, 교회로 탄생합니다.

이 기쁜 소식, 예수님이 말씀하셨던 "나를 믿는 자들이 받을 성령"이 우리 속에 내주하셔서 말씀이 그대로 생명이 되고 실제가 되자 나는 죽고 예수로 사는 사람들, 하늘 백성들, 육이 아닌 영으로 사는 사람들이 되어 누가 시킨 것도 아닌데, 믿는 사람이 다 함께 모든 물건을 통용하고 재산과 소유를 팔아 각 사람의 필요를 따라 나눠줍니다. "나, 나, 나, 나" 하며 세상에서 쥐고 붙들고 빼앗고 울고불고 야단하며 살던 사람들이 전부 자기 것을 자기 것이라고 말하지 않습니다.

하나님의 거룩한 진리로 하나가 되어 예수 그리스도를 생명의 주라 고백하고 날마다 마음을 같이해서 성전에 모이기를 힘쓰고 집에서 떡을 떼고 기쁨과 순전한 마음으로 음식을 먹고 하나님을 찬미하며 온 백성에게 칭송을 받으니 주께서 구원받는 사람을 날마다 더하게 하십니다. 천하에 어느 누구도, 어떤 사상이나 이데올로기로도 이룰 수 없었던 모습이 초대교회를 통해 드러난 것입니다.

내 주의 보내신 성령이 오셨네!

성령이 그들의 영혼을 움직이시자 그들이 한마음으로 만물을 보는데, 세상이 온통 다르게 보입니다. 이전에 보던 하늘이 아니요, 이전에 보던 사람들이 아닙니다. 하늘의 소망이 내게 실제가 되자 믿으라고 말할 것도, 변하라고 말할 것도 없습니다. 내게 있던 모든 슬픔과 환난과 고통, 저주처럼 주어졌던 삶, 그저 짐처럼 느껴지던 인생이 주님 안에서 완전히 거듭나 하늘 백성이

나에게 생생한 복음

되니, 성공할까 실패할까 두려워 떨지 않고, 뺏을까 뺏길까 애쓰지 않는 전혀 다른 사람이 된 것입니다.

어떻게 이런 마음이 우리에게 나옵니까? 바로 하나님의 마음 때문입니다. 성령의 열매, 사랑과 희락과 화평과 오래 참음과 자비와 양선과 충성과 온유와 절제, 이것 중에 내 육신에서 나온 것이 없습니다. 내게는 죄밖에 나올 것이 없고, 육신의 정욕, 안목의 정욕, 이생의 자랑이야 유대인이나 이방인이 똑같고, '나, 나, 나, 나' 하고 하나님께 반역만 하고 순종하는 흉내만 내지 속은 전혀 안 바뀌었는데, 꿈꾸는 것처럼 주님이 약속하신 바로 그때 '오순절 날이 이르매' 성령의 공동체가 역사 속에 실제로 출현한 것입니다.

지금도 가능하냐고요? 2천 년 전 성령님과 지금의 성령님이 달라지셨나요? 아니요. 영원하시고 똑같습니다. 그래서 우리가 성령이 오셨음을 기쁘게 찬송할 수 있는 것입니다. 기독교는 종교가 아닙니다. 철학이 아닙니다. 사상 이데올로기가 아닙니다. 윤리 도덕이 아닙니다. 성령이 실제로 오셨습니다. 죄로 꽉 차 있고 귀신에게 붙들려 죄만 좋아하고 죽을 짓만 하던 우리의 심령 안에 성령이 심어진 것입니다. 그래서 하늘의 소망이 나의 소망이 되고, 은혜를 갈망하게 되고, 주님의 약속이 어떤 보증수표보다 든든하게 되고, 주님만이 나의 기쁨, 유일한 소망이 되고,

주님이 곧 길이요 진리요 생명이 되십니다.

　이제 성령을 따라 행하면 주님이 마땅히 생각할 것을 생각하게 하시고, 오직 하늘의 소망으로 충만케 하시고, 내게서 나올 수 없는 사랑으로 사람들을 사랑하되 경쟁 대상이나 이용 대상이 아니라, 주님이 내게 주신 놀랍고 축복된 그리스도의 지체로 알고 사랑합니다. 나처럼 불쌍한 자, 환난당하고 고통당하는 자에게 전할 기쁜 소식은 "내 주님이 보내신 성령이 오셨다!" 이것을 고백하게 됩니다. 주님은 혼돈 없이 우리의 역사 속에 이 놀라운 약속을 이루어주셨습니다. 오순절 날이 이르매 성령을 받은 그들의 순종이 생명의 열매가 되어 오늘 우리에게까지 이른 것입니다. 땅 끝까지 이르러 예수님의 증인이 되리라 하신 대로 그 일을 이루신 것입니다. 오순절 날이 이미 이르렀습니다. 예수의 십자가 사건이 두 번 필요 없듯이 성령이 예수 그리스도의 복음을 믿게 하시고, 깨닫게 하시고, 받아들이게 하시고, 예수님이 전부가 되도록 우리 안에 주님을 받아들일 수 있게 해주셨습니다. 또 성령님은 우리가 계속 진리로 살아가게 하시고, 믿음이 믿음을 낳고, 오직 믿음이면 충분한 이 진리를 누리는 사람으로 우리의 삶을 바꾸셨습니다.

　이 오순절 날이 있었다는 것은 지금이 바로 은혜의 때요 구원의 날이며, 오직 믿음으로 성령의 감동을 따라 살면 내가 이룰 수 있느냐 없느냐, 성공이냐 실패냐 상관이 없습니다. 내 운명은 결정 났고, 우리는 주님 안에서 이미 승리했습니다. 내 주님이 보내신 성령이 오셨다는 이 기쁜 소식을 온 세상에 전하시지요! 오늘도 행복한 하루입니다. 주님 사랑하시지요? 오늘도 주님이 함께하십니다. 할렐루야!

🌿 오늘, 묵상 Devotion for Today

예수 그리스도를 믿음으로, 약속하신 성령이 내게 임하심으로 나의 속사람이 새로운 피조물로 거듭났습니다. 여러분 안에도 이 놀라운 일이 일어났습니까? 아직 그 일이 나에게는 일어나지 않은 것 같습니까? 주저하지 마시고 기도하며 나아갑시다.

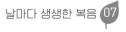

그러나 실상을 알려줄게

온 인류에게 주신 예수님의 복음은 이 악한 세상 가운데 보통 충격이 아니었습니다. 개인의 삶에는 가히 혁명적이며, 온 세상 모든 것이 그대로 있고 거기에 복음 하나를 덧붙이는 것이 아니라 존재 자체를 뒤흔들고, 우리가 살아온 삶의 모든 기본을 다 흔드는 충격 그 자체였습니다.

너희에게 실상을 말해주마

십자가에 못 박히시기 전날, 제자들과 마지막으로 가졌던 내밀한 시간, 모든 사역을 마치고 사역의 정점인 십자가를 향해 가실 순간이 다가왔을 때 주님은 주옥같은 말씀으로 유언을 남기셨습니다. 요한복음 14장부터 16장에 이것이 기록되어 있습니다. 이때 어느 하나 빼놓을 수 없는 정말 소중하고 놀라운 약속과 비밀들을 말씀해주셨는데, 그것을 한마디로 정리하면 "하나님이 세상을 이처럼 사랑하사 독생자를 주셨으니 이는 그를 믿는 자마다 멸망하지 않고 영생을 얻게 하려 하심이라"(요 3:16)입니다.

그중에 예수님은 요한복음 16장 1절에서 "내가 이것을 너희에게 이름은 너희로 실족하지 않게 하려 함이니"라고 말씀합니다. 그러니까 실족할 만한 일이 온다고 하시는 것입니다. 주님이 이루신 십자가의 복음이 액면 그대로 증거되고 세상에 던져지면 세상은 분명히 발악하게 될 것입니다. 육신을 입어 유약하기 짝이 없는 제자들과 그리스도인들은 그들이 실족할 만한 엄청난 반발을 받을 수밖에 없다는 것을 주님은 다 알고 예견하셨습니다. 그들을 출교할 뿐 아니라 죽이면서 그것이 하나님의 뜻이라고 생각할 때가 올 것이며(요 16:2), 이 일들이 하나님을 믿고, 율법을 지켜 가르치고, 성전 중심의 삶을 산다고 하는 하나님의 백성과 이스라엘의 지도자들 가운데서 일어난다니 이방인들이야 더 말할 것도 없습니다.

"그들이 이런 일을 할 것은 아버지와 나를 알지 못함이라"(요 16:3). 그런데도 예수님은 말씀하신 대로 떠나가시고 세상에 우리만 남겨두신다는 것입니다. 예수님의 이 말을 듣고 제자들은 마음에 근심이 가득했습니다. 아무리 좋은 말씀, 놀랍고 충격적인 약속을 하셔도 그 말씀들이 기쁨이 되지 않습니다. 너무 허황하게 들리고 도저히 불가능한 이야기처럼 들렸을 것입니다. 하지만 주님이 이 충격적인 말씀을 하시는 의도는 분명합니다. "내가 이 말을 하면 너희가 복음을 받았어도 기쁨이 되지 않고 근심이 가득하게 되고, 너희가 실족하게 될 위험이 있다는 것 또한 내가 다 알고 있다. 두려움과 절망감을 느낄 거라는 것도 내가 다 안다. 그러나 내가 너희에게 진짜 실상을 말해주마."

더 구체적으로 주님은 "내가 떠나가는 것이 너희에게 유익이라 내가 떠나가지 아니하면 보혜사가 너희에게로 오시지 아니할 것이요 가면 내가 그를 너희에게로 보내리니"(요 16:7)라고 말씀하십니다. 그러니까 눈에 보이는 현실, 충격, 핍박, 순교, 고난, 그들의 유약함이 다 사실이지만, 그보다 더 분명한 실상이 있는데, 그것은 아버지께서 약속하신 성령을 보내주신다는 것이 이 말씀의 핵심입니다.

성령이 오시면 일어나는 일들

주님은 아버지께서 약속하신 성령을 너희에게 보내시는 이 일이야말로 하나님이 이 세상을 창조하시고 죄악으로 망가진 이 세상을 구원하실 수 있는 신비이자 비밀에 해당하는 이야기임을 말씀하십니다. 주님이 복음을 완성하시고 아버지께로 가야 하나님 아버지께서 정말 너희에게 주고 싶어 한 성령이 오실 수 있는데, 그때 성령은 너희가 복음을 살아내게 하는 영으로 오셔서 너희 속에 내주하시게 된다고 말씀합니다.

그러면 성령님이 우리 안에 내주하시면 무슨 일이 일어날까요? 예수님이 이루어놓으신 복음이 이제 더 이상 지식에 머무르지 않고 우리의 것이 되도록 영이 그것을 믿고 받아들이게 하십니다. 예수님의 십자가 대속의 죽음이 우리의 옛 자아의 죽음임을 우리 영혼이 깨닫고 돌이켜 회개하여, 이제는 내가 사는 것이 아니라 내 안에 주님이 사신다는 복음의 진리를 받아들이게 됩니다.

보혜사 성령이 오시면 죄에 대하여, 의에 대하여, 심판에 대하여 세상을 책망하십니다(요 16:8). 성령이 오시면 그들이 주님을 믿지 않은 죄에 대하여 심판하십니다. 끔찍한 나의 죄가 예수 그리스도의 십자가로 완전히 해결되어 의롭다 함을 얻게 되고, 죄와 사망의 법을 휘두르던 사탄의 머리가 깨져서 사탄이 더 이상 우리를 주장하지 못하게 되며, 마침내 우리가 죄에서 벗어나 자유함을 누리게 되는 놀라운 일이 일어납니다. 예수님이 성취해놓으신 이 완전한 구원의 복을 받아들이게 하시고, 진정으로 죄에 대하여 죽고 하나님에 대하여 살게 하시는 참된 구원을 이루시기 위해 오시는 분이 바로 성령님이십니다.

"내가 아직도 너희에게 이를 것이 많으나 지금은 너희가 감당하지 못하리라"(요 16:12). 그렇습니다. 제자들은 감당하지 못했습니다. 제자들은 예수님의 십자가와 부활이 있는 동안 예수님을 배신하고 부인하고 도망쳤습니다. 그들은 자신들의 불가능하고 비참한 모습을 볼 수밖에 없었고, 예수님과 보낸 3년 반의 훈련이나 그들이 알았던 진리가 아무 힘도 발휘하지 못하는 처절한 현실을 맞이할 수밖에 없었습니다.

주님은 그렇게 될 것을 알고 말씀하셨습니다. 너희가 지금은 감당할 수 없지만, 아버지가 약속하신 대로 성령을 보내시면 그 성령님이 너희의 영 안에 오시고 너희의 영에 이 복음의 진리를 적용하셔서 너희가 들었던 모든 진리 가운데로 인도하신다고(요 16:13) 말입니다. 이제는 듣기만 하고 살아낼 수 없는 복음이 아닙니다. 너무 놀랍다고 감탄만 하는 신학이 아닙니다. 주님이 내 영을 감동하게 하시고 깨닫게 하시고 용기를 주시고, 진리를 향하여 의지를 세워 순종하도록 우리를 모든 진리 가운데로 인도하십니다.

예수님이 육신으로 계실 때는 내 옆에 계시는 예수님이었다면, 이제 성령님이 예수의 영으로 우리의 영 안에 오시고, 예수님이 내 안에서 예수 그리스도의 생명을 살아내도록 성령님이 내 영의 중심을 차지하시고, 내 영을 다스리시고 감동하시며 진리를 따라 살게 하시겠다는 것입니다.

복음대로 살 수 있는 성령 공동체의 탄생

주님은 이것이 참된 실상이며 너희가 그 일들을 반드시 보게 될 것이라고 약속하셨습니다. 그리고 주님은 부활하신 후 40일 동안 이 약속을 확인시켜주시며 십자가와 부활이 얼마나 진정한 실제이자 하나님의 말씀의 성취인지를 알려주셨습니다. 현실 불가능한 기적과도 같은 구약의 언약과 이 세상이 감당할 수 없는 복음이 실제로 어떻게 성취되었는지를 부활로 확실히 보여주셨고, 그다음 제자들에게 아버지께서 약속하신 것을 기다리라 말씀하시고 승천하셨습니다.

그리고 120명이 마가의 다락방에서 주님이 말씀하신 대로 하나님 아버지가 약속하신 것을 기다리며 한마음으로 열흘 동안 기도하다가 오순절 날 드디어 성령님이 오셨습니다. "아, 그렇구나. 우리가 듣기는 들어도 깨닫지 못하고, 보기는 보아도 알지 못하고, 그저 희망사항일 뿐이던 복음, 너무 크고 높아서 현실이 될 수 없을 것만 같았던 복음의 삶도 성령이 오시면 되는구나. 반대로 너무 현실 같고 진짜 실상으로 다가와 우리를 두렵고 떨게 만들고, 꼼짝 못하게 했던 내 육신의 연약함과 이 거대한 세상에 대한 두려움도 다른 것 없이 주님의 말씀처럼 성령님만 오시면 해결되는구나. 성령이 오시면 복음대로 살 수 있는 천국을 누리며 이 땅에서 하늘 백성으로 살아가는 영의 삶이 가능하구나!"

그 성령님이 오시고 나자 완전히 바뀌었습니다. 이 땅에 처음으로 모습을 드러낸 성령 공동체, 하나님의 복음이 실제가 되어 예수 생명으로 살아가고 영을 따라 살아가는 자들로 변화된 하나님의 새로운 공동체가 나타났습니다. 인류 역사의 마지막에 죄에 끌려가다가 멸망으로 치달을 수밖에 없는 이 세상을 구원할 유일한 복음, 하늘 수준의 복음, 주님이 그토록 말씀하시고 모든 선지자들과 믿음의 선진들이 그토록 꿈꾸며 바라왔던 그 일이 실제로 이루어졌습니다.

사도들과 성도들은 성령의 충만함을 받자 더 이상 세상을 두려워하거나 세상에 질질 끌려가는 자가 아니고, 이 세상을 변화시키는 역사의 주체로, 세상에 충격을 주는 초대교회로 역사 속에 드러났습니다. 그것이 바로 우리가 받은 복음입니다. 이 복음이 살아 있는 생명의 복음이 되어 이 땅에 실제로 임한 하나님나라의 실상을 보여줍니다. 그것이 사도행전 2장부터 5장에 이르는 충격적인 모습입니다.

더 이상 겁먹지 않는 교회

그들이 외치는 십자가와 부활의 외침, 그 증거는 당당했습니다. 당대의 모든 권력, 예수님을 죽인 지 두 달도 되지 않은 서슬 퍼런 권력의 협박과 공갈에 두려워 도망치던 자들이 이제 오히려 그들을 쩔쩔매게 하는 담대한 복음의 증인이 되었습니다. 그뿐

나에게 생생한 복음

만이 아닙니다. 가르침이나 훈련에 의한 것이 아니라 생명 존재가 성령으로 거듭났기 때문에 예수님 안에서 보고 듣고 배운 말씀이 죽은 지식이 아니고, 지식 따로 나 따로가 아니라 진리 자체이신 성령님이 우리의 영을 감동하셔서 성령 충만하게 되어 저절로 세워진 것이 바로 초대교회 공동체였습니다.

초대교회는 하나님을 경외하고, 모든 인종과 문화를 뛰어넘는 아름다운 사랑과 기쁨의 교제가 있고, 하늘의 기쁜 찬양과 예배가 끊이지 않았습니다. 내 것을 내 것이라 하지 않으며 자아의 탐욕을 넘어 하늘의 참 소망을 가지고 예수 그리스도를 믿었습니다. 성령의 사랑으로 세상 죄악을 이기고 세상을 거슬러 오히려 세상을 변화시키는 살아 움직이는 기적을 보여주었습니다. 생명 공동체로, 능력의 공동체로 일어나 그 누구도 그들을 슬프게 하거나 주저앉힐 수 없었습니다.

당연히 그들에게 실족할 만한 공격이 왔습니다. 얼마 전 예수님을 죽인 자들이 그들을 붙잡아서 다시는 복음을 전하지 말라 경고하고 위협했지만, 그들은 "하나님 앞에서 너희의 말을 듣는 것이 하나님의 말씀을 듣는 것보다 옳은가 판단하라 우리는 보고 들은 것을 말하지 아니할 수 없다"(행 4:19-20) 하고 때리거나 감옥에 가두어도 실족하지 않았습니다. 오히려 예수의 이름으로 능욕 받는 일에 합당한 자, 복음의 증인으로 인정해주셨다고 기뻐하며 모든 것이 하나님 안에서 하나님이 허락하신 일이라 여겼습니다.

　역사관과 인생관이 바뀌었으며 두려워하지 않았습니다. 지금의 고난이 다가 아니라 이 고난 너머에 살아 계신 우리 주님이 역사를 다스리시며 자신들을 지지해주시고, 결국 하나님이 이루실 진리의 결론을 믿음으로 붙잡았습니다. 그렇기 때문에 그들의 기쁨을 빼앗을 수 없었고 그들을 겁먹게 할 수가 없었습니다.

초대교회 믿음의 실력을 보여줄 때

복음대로 사는 게 가능하냐고요? 당연하죠! 초대교회 성도만 가능하다고요? 아니요! "우리 주 예수 그리스도의 하나님, 영광의 아버지께서 지혜와 계시의 영을 너희에게 주사 하나님을 알게 하시고 너희 마음의 눈을 밝히사 그의 부르심의 소망이 무엇이며 성도 안에서 그 기업의 영광의 풍성함이 무엇이며 그의 힘의 위력으로 역사하심을 따라 믿는 우리에게 베푸신 능력의 지극히 크심이 어떠한 것을 너희로 알게 하시기를 구하노라"(엡 1:17-19). 에베소서 1장 17절 이하의 말씀은 오순절 날 성령이 강림하셨다는 것이 어떤 의미인지, 예수님을 믿게 된 저와 여러분에게 어떤 능력이 주어졌는지, 도대체 우리의 존재가 하나님 앞에서 어떻게 바뀌었는지, 예수 십자가로 성취하시고, 부활로 확증하시고, 성령을 보내심으로 우리에게 어떤 변화가 주어졌는지, 하나님의 능력과 은혜가 얼마나 엄청난지를 제발 좀 깨달아 알기를 원한다고 말씀합니다.

이제는 정말 두려워할 일이 없습니다. 내가 도대체 무슨 능력을 가졌는지 알아야 합니다. 하나님 앞에 내가 어떤 신분으로 바뀌었는지 알게 되면 주저하지 않습니다. 오순절 성령 강림으로 말미암아 교회라고 하는 모든 성도들 안에 주어진 놀라운 영광과 능력과 축복을 아시기 바랍니다. 복음 안에서 허락된 우리의 실력은 이제 더 이상 나의 어떠함에 달려 있지 않습니다. 내 기도 역시 그냥 기도가 아닙니다. 하나님 앞에 나는 이제 거룩한 하나님의 자녀입니다.

우리는 이제 더 이상 순종할 수 있느냐 없느냐를 따질 이유가 없습니다. 그저 주님의 진리를 결론으로 알고 이미 이루신 놀라운 축복을 믿음으로 순종의 걸음을 걸어가야 합니다. 지금 순종해야 합니다. 오순절 성령 강림을 통해 이루어진 하나님의 놀라운 언약, 확증된 이 사실을 믿음으로 주장해보시기 바랍니다. "네가 믿으면 하나님의 영광을 보리라"(요 11:40)라는 말씀처럼 육을 따르지 않고 영을 따라 복음의 진리, 말씀의 진리를 따라 믿음의 걸음을 옮기시기 바랍니다. 그럴 때 순종의 걸음걸음마다 세상을 뒤집어놓은 이 복음을 나의 복음이 되게 하신 주님의 함께하심을 생생하게 경험하게 됩니다. 지금이야말로 이 시대에 초대교회가 보여주었던 믿음의 실력을 보여줄 때입니다. 할렐루야! 주님이 하셨습니다.

 오늘, 묵상 Devotion for Today

오늘도 주님께서는 이 짧은 글을 통하여 여러분의 마음을 두드리고 계십니다. 하나님 아버지께서 약속하셨고, 예수님이 보내신 보혜사 성령님을 구하며 나아갑시다. 더 이상 지식으로 끝나는 복음이 아닌, 흉내 내는 성도의 삶이 아닌 예수님이 내 인생의 진정한 주인 되시는 삶으로 이끌어 달라고 기도하시겠습니까?

나에게 생생한 복음

우리의 능력보다 하나님의 능력으로

우리는 내가 어떤 사람인지, 또 주님이 내게 주신 능력이 어떤 것인지 한 번도 써보지 않아 그것을 잘 모르는 경우가 태반입니다. 우리는 오순절 성령 강림을 통해 구약에서 약속해온 모든 약속이 성취되고, 약속하신 그대로 예수님이 오셔서 십자가의 복음을 통해 우리 안에 이루어주신 임마누엘로 이제 성령의 사람이 되었습니다.

감히 꿈꿀 수 없었던 놀라운 구원의 경지

"그러므로 이제 그리스도 예수 안에 있는 자에게는 결코 정죄함이 없나니 이는 그리스도 예수 안에 있는 생명의 성령의 법이 죄와 사망의 법에서 너를 해방하였음이라 율법이 육신으로 말미암아 연약하여 할 수 없는 그것을 하나님은 하시나니 곧 죄로 말미암아 자기 아들을 죄 있는 육신의 모양으로 보내어 육신에 죄를 정하사 육신을 따르지 않고 그 영을 따라 행하는 우리에게 율법의 요구가 이루어지게 하려 하심이니라"(롬 8:1-4).

그런데 이 말씀은 천지가 다 진동할 만한 것입니다. 단순한 이야기가 아니라 역사 전체의 의미를 바꿔놓고 운명을 뒤바꾸는 선포입니다. 왜냐하면 태초의 아담과 하와는 하나님의 형상대로 하나님의 생명으로 살아가는 존재였습니다. 영이신 하나님께서 피조물인 인간에게 하나님의 형상을 주시고, 그 형상을 살아내기에 가장 합당한 하나님의 영을 그들에게 부어주셨습니다. 영이신 하나님을 그대로 닮아 하나님을 알아보고 하나님을 즐거워하고 그분을 사랑하도록 특별하게 허락하신 영적 존재로 그들을 지으셨습니다. 이것이 그들이 타락하기 전 하나님이 그들에게 부여하신 가장 아름다운 핵심 본질입니다.

그러나 그들이 선악과를 따먹는 죄를 짓자마자 하나님을 알 수 있고 하나님과 교제할 수 있도록 허락되었던 영의 기능이 죽어 하나님의 영은 죄 가운데 더 이상 그들과 함께할 수 없게 되었습니다. 그들은 물리적으로 에덴동산에서 쫓겨났고 이 세상에서 하나님 없이 살아가야 하는 죄의 결과로 말미암아 육체로 힘겹게 살아가다가 때가 되면 반드시 죽고 심판을 받을 운명으로 떨어졌습니다.

그런데 하나님께서 구약성경 내내 말씀하신 약속대로 이 세상을 구원하시려고 구원자를 보내주셨습니다. 그 구원자를 통해 이루시는 구원은 영이 죽어서 하나님을 알 수 없고, 하나님 앞에는 정죄 받은 죄인이요, 사탄에게는 죄와 사망의 노예로 질질 끌려가다가 결국은 죽음의 두려움에 한평생 매여 종노릇할 우리의 운명을 바꾸어주신다는 것입니다. 이 일은 우리가 감히 꿈도 꿀 수 없었던 것입니다.

하나님만이 하실 수 있는 구원의 역사

"율법이 육신으로 말미암아 연약하여 할 수 없는 그것을 하나님은 하시나니 곧 죄로 말미암아 자기 아들을 죄 있는 육신의 모양으로 보내어 육신에 죄를 정하사"(롬 8:3). 하나님도 모르고 진리도 모르고 죄 가운데 태어나서 죄를 짓다가 죽을 수밖에 없는 것이 모든 인류의 운명입니다. 그런데 하나님은 특별히 택하신 이스라엘에게 하나님의 율법을 주셔서 하나님이 누구이시며 그들이 어떻게 살아가야 하는지 진리를 다 가르쳐주셨습니다.

그러나 이스라엘도 똑같은 인간의 육신일 뿐입니다. 육신을 따라 살아가는 죄인들은 제아무리 율법을 알아도 그것을 지킬 만한 능력이 없습니다. 하지만 하나님은 육신이 연약하여 할 수 없는 그것을 이루시는데, 어떻게 이루시느냐 하면 죄 없는 자기 아들을 죄 있는 육신의 모양으로 보내어 육신의 죄를 정하여 다 갚게 하시는 방법으로, 십자가의 은총으로 죄 문제를 해결해주셨습니다. 그리고 이제는 죄와 상관없는 우리의 심령 안에 성령을 보내셔서 육신을 따르지 않고 성령을 따라 행하여 진리의 말씀을 따라 살고, 복음대로 사는 일이 가능해졌다는 선언을 해주시는 것입니다.

"그러므로 이제 그리스도 예수 안에 있는 자에게는 결코 정죄함이 없나니"(롬 8:1). 하나님의 정죄를 받고 하나님으로부터 영원히 분리된 것이 인류의 운명이자 죄인의 비참함이었다면, 이제는 죄사함을 받고 하나님 앞에 의롭다 함을 얻은 것입니다. 예수님이 모든 정죄를 다 끝내주셨습니다. "이는 그리스도 예수 안에 있는 생명의 성령의 법이 죄와 사망의 법에서 너를 해방하였음이라"(롬 8:2). 그 결과 우리가 죄와 사망의 노예에서 해방되었습니다.

여러분, 이런 일이 가능하다고 생각하십니까? 불가능합니다. 오직 하나님만이 하실 수 있는 일이었습니다. 하나님도 자신의 아들을 십자가에 내어놓고 이루신 일입니다. 하나님의 공의와 사랑이 충돌하는 이 일이 어떻게 이루어질 수 있겠습니까? 오직 하나님의 완전한 십자가의 구속으로만 가능합니다. 그 결과 오순절 날 예수를 믿는 모든 자들에게 성령을 보내주신 것입니다. 따라서 예수님을 믿는다는 말은 보혜사 성령님이 우리에게 복음을 믿게 하시고 그 복음을 살아내게 하시기 위해 우리 안에 내주하시게 되었다는 것입니다. 이제는 성령으로 거듭났으며, 이

나에게 생생한 복음

제 성령으로 영을 따라 살며, 이것이 영에 속한 삶이라는 엄청난 진리를 로마서 8장 1절부터 4절의 말씀이 요약하여 선포하는 것입니다.

구약성경 전체의 결론

이것은 곧바로 예레미야서 31장 31절부터 34절의 말씀과 연결이 됩니다. 이것은 옛 언약과 새 언약에 관한 말씀으로 구약성경 전체의 결론이라고 할 수 있습니다. "여호와의 말씀이니라 보라 날이 이르리니 내가 이스라엘 집과 유다 집에 새 언약을 맺으리라 이 언약은 내가 그들의 조상들의 손을 잡고 애굽 땅에서 인도하여 내던 날에 맺은 것과 같지 아니할 것은 내가 그들의 남편이 되었어도 그들이 내 언약을 깨뜨렸음이라 여호와의 말씀이니라 그러나 그 날 후에 내가 이스라엘 집과 맺을 언약은 이러하니 곧 내가 나의 법을 그들의 속에 두며 그들의 마음에 기록하여 나는 그들의 하나님이 되고 그들은 내 백성이 될 것이라 여호와의 말씀이니라 그들이 다시는 각기 이웃과 형제를 가리켜 이르기를 너는 여호와를 알라 하지 아니하리니 이는 작은 자로부터 큰 자까지 다 나를 알기 때문이라 내가 그들의 악행을 사하고 다시는 그 죄를 기억하지 아니하리라 여호와의 말씀이니라"(렘 31:31-34).

이 말씀을 받은 것은 구약 시대의 옛 언약, 즉 모세의 율법을 가졌던 유대인들입니다. 오늘날로 말하면 모태신앙에 해당합니다. 그들은 놀라운 하나님의 선택과 축복을 받았고, 하나님의 기적과 권능으로 보호를 받았으며, 하나님의 살아 계심을 목도했고, 모세를 통하여 율법을 받았습니다. 그러나 그들은 율법을 배우고 알며 성전에서 예배를 드리면서도 끝끝내 율법과 정반대로 주님을 반역하여 우상을 섬기고, 악독한 죄를 저지르고, 이방인과 하나도 다를 것이 없었습니다. 그런데도 그들은 끝까지 하나님의 용서를 거절하고 망할 죄를 짓다가 결국 지금 바벨론 포로로 끌려가는 중이었습니다.

선지자 예레미야의 애통의 눈물과 부르짖음도 그들을 바꿀 수 없었습니다. 끝내 멸망으로 끌려갑니다. 그들은 이미 틀렸습니다. 율법으로 안 되고 그 무엇으로도 안 됩니다. 어떻게 하나님의 말씀대로 살 수 있냐고요? 현실에서는 안 됩니다. 다 끝났습니다. 인간으로는 안 됩니다. 하지만 이게 끝인가요? 아닙니다. 복음은 말 그대로 기쁜 소식입니다.

"너희로는 안 되는 거 알았지? 너희가 소망 없는 절망적인 죄인이라는 거 알았지? 이제부터는 내가 이 일을 이룰 것이다." 주님은 여기서 일방적으로 새 언약의 약속을 세우십니다. "너희는 법을 배운들 그 법대로 살아갈 수 있는 능력이 없다. 하나님의 영이 떠난 죄인으로 아무리 갈고닦아도, 아무리 새 마음을 가져보려고 애를 써도 너희는 본질적인 죄인으로 태어나 죄의 장아찌로 살다가 망할 수밖에 없다. 이제 내가 너희와 새 언약을 세우겠다. 그 날 후에 내가 너희와 맺을 언약은 내가 나의 법을 너희 마음에 기록하는 이것이다." 이것이 약속의 핵심입니다.

"또 새 영을 너희 속에 두고 새 마음을 너희에게 주되 너희 육신에서 굳은 마음을 제거하고 부드러운 마음을 줄 것이며 또 내 영을 너희 속에 두어 너희로 내 율례를 행하게 하리니 너희가 내 규례를 지켜 행할지라"(겔 36:26-27). 에스겔서 36장에서는 하나님 없이, 성령 없이, 사탄에게 붙들려 육신의 정욕으로 가득 찼던 우리의 심령을 깨뜨려 거기에 새 마음을 주시며 하나님의 성령을 보내주시겠다고 약속합니다. 이것은 정말 구약의 이스라엘이 꿈에도 상상하지 못한 일입니다. 그러나 믿음의 선진들, 구약의 선지자들은 그 일이 이루어질 것을 믿음으로 바라보고 의롭다 함을 받고 이 땅에서 살다가 죽었습니다.

엄청난 복음의 주인공인 우리

드디어 때가 차서 예수님의 십자가와 부활을 통해서 보혜사 성령이 우리 안에 영원히 내주하러 오셨고, 진리의 영이 우리 안에 사심으로 진리를 따라 살고 진리를 행할 수 있게 되었습니다. "죄가 너희를 주장하지 못하리니 이는 너희가 법 아래에 있지 아니하고 은혜 아래에 있음이라"(롬 6:14)라는 말씀이 그대로 이루어졌습니다. 그 사람들이 누구입니까? 신약 시대의 주인공, 바로 당신입니다. "내가 성도가 되었다", "내가 복음을 기쁨으로 받았다"는 것은 내가 느끼든 못 느끼든 상관없이 우리에게 하나님의 엄청난 복음이 주어졌다는 것을 의미합니다.

"우리 주 예수 그리스도의 하나님, 영광의 아버지께서 지혜와 계시의 영을 너희에게 주사 하나님을 알게 하시고 너희 마음의 눈을 밝히사 그의 부르심의 소망이 무엇이며 성도 안에서 그 기업의 영광의 풍성함이 무엇이며 그의 힘의 위력으로 역사하심을 따라 믿는 우리에게 베푸신 능력의 지극히 크심이 어떠한 것을 너희로 알게 하시기를 구하노라"(엡 1:17-19). 에베소서 1장에 나오는 바울의 기도가 이 사실을 증거하고 있습니다.

그런데도 우리는 눈에 보이는 실상들 때문에 겁에 질려서 우리가 어떤 존재로 바뀌었는지, 내 안에 무슨 능력이 있는지를 실감하지 못해 믿음으로 담대해지지 못합니다. 왜 헌신하지 못합니까? 왜 믿음대로 과감하게 순종의 걸음을 내딛지 못합니까? 왜 멋지게 회개하고 돌아서지를 못합니까? 그 능력이 다 우리안에 있습니다. 주님이 다 이루셨기 때문입니다. 그러니까 날마다 생생한 복음이 될 수 있는 것입니다. 보혜사 성령님이 우리의

나에게 생생한 복음

주인이 되셔서 육을 따라 살지 않고 날마다 은혜를 사모하게 하시고 깨닫게 하시고 감동을 받게 하시고 결단하게 하십니다. 그렇게 하실 때마다 우리는 내가 할 수 있고 없음이 아니라 주님이 하신다는 결론으로 순종하며 나아가고 그럴 때마다 하나님의 영광을 보게 됩니다.

이처럼 복음의 삶은 질리거나 지칠 수 없습니다. 어떤 시련과 고난이 와도, 우리 눈에 보이는 어떤 현실이나 상황에도 말입니다. 이것이 바로 복음이 우리에게 이루어주신 실상입니다. 지금 우리가 어려움을 당한다고 이야기하지만, 사도행전에 나타난 초대교회 당시 권력이나 사회 분위기는 어느 때보다 가장 최악이자 불행이었습니다. 그러나 그때 하나님의 교회는 놀라운 복음의 영광과 능력과 축복을 받았습니다. 성령의 강림으로 오순절 이전과 이후가 완전히 뒤바뀐, 평범하고 보잘것없는 사람들이 당대를 뒤흔들었습니다. 온 땅에 십자가와 부활의 복음, 복음을 살아내도록 보혜사 성령이 우리 안에 내주하신다는 놀라운 복음이 전해졌습니다. 이 복음이 주를 믿고 순종하는 우리에게 오늘도 생생한 현실이 되게 하시니 정말 기쁜 일입니다.

지금 여러분이 어떤 상황에 계신지 모르겠습니다. 그러나 상관없습니다. 모든 상황에서 주님은 여전히 주님이시기 때문입니다. 이 복음의 진리가 주님을 향한 간증으로 우리를 가득 채워

가실 것입니다. 오늘 우리는 승리해야 합니다. 주님이 우리와 함께하십니다. 할렐루야!

 오늘, 묵상 Devotion for Today

우리가 점검해보아야 할 것은 첫째, 나는 정말 죄사함을 받았는가? 죄로만 설명되던 옛 자아가 주님과 함께 죽었는가? 둘째, 죄사함 받음으로 말미암아 성령이 내 안에 내주하고 계시는가? 성령을 따르는 삶을 살고 있는가? 이 질문에 대한 답이 준비되었다면 보잘것없는 나도 세상이 감당할 수 없는 삶을 살아갈 수 있습니다.

나에게 생생한 복음

당신이 얼마나 놀라운 분인지 아세요?

성경이라는 특별계시를 통해 주신 놀라운 복음의 핵심은 예수 그리스도, 참된 구원자, "예수가 바로 구원자다"라는 메시지입니다. 거룩하신 하나님은 죄인인 우리도 차마 보고 견딜 수 없는 타락한 세상을 이처럼 사랑하사 당신의 독생자를 보내주셨습니다. 하나님을 잃어버린 소망 없고 끝장난 인생, 멸망할 운명의 역사를 하나님의 영생을 얻는 구원의 역사로 바꿔주시는 기적이 바로 예수 십자가와 부활의 사건입니다.

하나님에 대하여 산 자

완전한 구속의 역사를 완성하신 주님이 약속하신 마지막 새 언약의 핵심은 "성령을 보내주시겠다"는 것입니다. 이 오순절 성령 강림의 사건은 인류에게 주어진 최고 최대의 기쁜 소식이 아닐 수 없습니다. 로마서를 성경 복음의 대헌장(Magna Carta)이라고 하는데, 그중에서도 '성령장'이라고 불리는 로마서 8장에는 성령이 각 사람에게 임하시자 우리의 신분이 어떻게 달라졌는지, 우리의 삶이 질적으로 어떻게 바뀌었는지에 대한 선포가 잘 나와 있습니다.

그러므로 이제 십자가 복음을 만나 회개하고 예수님을 주(主)와 그리스도로 받아들여 내가 죽고 그리스도가 살게 된 놀라운 기적의 믿음 안에 들어온 사람에게는 결코 정죄함이 없습니다. 그리스도 예수 안에 있는 생명의 성령의 법이, 죄와 사망의 법 아래 신음하고 고통당하는 우리를 해방해주었기 때문입니다. 이제 십자가의 완전한 구속이 내 것이 되어 더 이상 하나님을 두려워하는 종의 영이 아니라 양자의 영을 받아 하나님을 "아빠, 아버지"라 부릅니다. 이처럼 우리는 놀라운 아들의 자유의 영광에 이르게 되었으며, 죄에 대하여는 죽은 자요 하나님에 대하여 살아 있는 자가 되었습니다.

이제 우리가 복음대로 살 수 있고 말씀에 순종하여 살 수 있는 것은 우리의 최선이나 우리의 행위로 가능한 것이 아닙니다. 오직 믿음으로, 육을 따르지 않고 영을 따라 살아가는 믿음의 선택과 순종을 통해 성령께서 살아가게 하시는 삶, 하나님의 영광의 능력을 경험하는 삶을 살게 된 것입니다.

하나님의 영이 거하는 자

성령 충만하다는 말은 종교적 환희 내지는 개인적 감흥이 아닙

나에게 생생한 복음

니다. 세상 편에서 보면 우리는 무서운 존재입니다. 하나님의 성령을 모시고 있는 사람이기 때문입니다. 우리의 실력에 상관없이 우리가 행하는 모든 일이 역사가 되고, 우리가 순종하며 가는 그 길이 역사의 새 길이 됩니다. 오순절 성령 강림으로 그것이 우리 삶의 실제가 되게 해주신 것입니다.

"육신을 따르는 자는 육신의 일을, 영을 따르는 자는 영의 일을 생각하나니 육신의 생각은 사망이요 영의 생각은 생명과 평안이니라 육신의 생각은 하나님과 원수가 되나니 이는 하나님의 법에 굴복하지 아니할 뿐 아니라 할 수도 없음이라 육신에 있는 자들은 하나님을 기쁘시게 할 수 없느니라"(롬 8:5-8). 믿음이 아닌 나의 잘나고 똑똑한 경험으로 빚어낼 수 있는 것은 아무것도 없습니다. 우리의 최선은 믿음과 정반대입니다. 이것을 구분하지 못하면 선하고 깨끗해 보이는 종교인은 될 수 있을지 몰라도 성령 안에서 허락된 완전한 복음의 축복은 누릴 수 없습니다.

육에 속한 사람은 분명히 육신의 일만 생각합니다. 주(主)의 일을 한다고 하면서도 여전히 "나! 나! 나! 나!" 이러는 사람들은 인정, 평판, 세상의 성공, 나의 위치, 이런 천박한 육신의 한계를 벗어날 수가 없습니다. 이것은 인격을 도야한다고 되는 일이 아닙니다. 복음을 액면 그대로 받아들이고, 성령을 모시고 영을 따라 살아가고, 성령의 음성에 귀를 기울이고, 진리의 성령에 순종하는 것, 이것은 할 수 있다 없다의 문제가 아닙니다. 오직 영으로 믿음으로 순종할 때만 내 안에 어떤 놀라운 능력을 부여해주셨는지 체험하게 됩니다.

"만일 너희 속에 하나님의 영이 거하시면 너희가 육신에 있지 아니하고 영에 있나니 누구든지 그리스도의 영이 없으면 그리스도의 사람이 아니라"(롬 8:9). 성경은 아주 단호하게 말씀합니다. 성령이 없이는 복음을 온전히 깨달아 거듭나는 것도 불가능하고, 거듭난 생명으로 살아가는 것도 불가능합니다. 우리가 영에 속한 사람이 되지 않는 한 종교생활은 가능할지 몰라도 신앙생활은 불가능합니다.

"또 그리스도께서 너희 안에 계시면 몸은 죄로 말미암아 죽은 것이나 영은 의로 말미암아 살아 있는 것이니라 예수를 죽은 자 가운데서 살리신 이의 영이 너희 안에 거하시면 그리스도 예수를 죽은 자 가운데서 살리신 이가 너희 안에 거하시는 그의 영으로 말미암아 너희 죽을 몸도 살리시리라"(롬 8:10-11). 오랜 육적 습관, 하나님 없이 고아처럼 살았던 관습과 정서가 남아 우리 육신이 애쓰는 것으로 되지 않습니다. 그리스도 예수를 살리신 성령님이 믿는 자의 심령 안에 오시고 그 안에 사시면서 우리의 모든 육체적 한계, 죄에 길들여지고 자아에 습관이 된 우리의 죽을 몸도 능히 살리신다고 말씀합니다.

하나님의 영의 인도함을 받는 하나님의 아들

이제 결론이 났습니다. "그러므로 형제들아 우리가 빚진 자로되 육신에게 져서 육신대로 살 것이 아니니라 너희가 육신대로 살면 반드시 죽을 것이로되 영으로써 몸의 행실을 죽이면 살리니 무릇 하나님의 영으로 인도함을 받는 사람은 곧 하나님의 아들이라"(롬 8:12-14). 이렇게 놀랍게 선포해주십니다. 이제 우리가 다시는 무서워하는 종의 영을 받지 아니하였습니다. 잘하다가 한 가지만 실수해도 내침을 당하고 버림받을 것 같은 불안한 정서, 노예근성으로 살았는데, 성령님이 오셔서 복음을 살아내게 하시는 영의 인도함을 받는 사람들은 이제 다시는 무서워하는 종의 영으로 반응하지 않게 되었습니다. 양자의 영을 받아 담대해졌습니다. 성령님이 친히 우리의 영을 오늘도 생생한 복음으로 일깨워주십니다.

"성령이 친히 우리의 영과 더불어 우리가 하나님의 자녀인 것을 증언하시나니"(롬 8:16). 성령님은 우리가 하나님을 아빠라 부르고, 부끄러워도 실수해도 연약해도 "난 아빠 아들이에요", "아빠 딸이에요" 이렇게 소리칠 수 있도록 증거하십니다. 원수의 공격 앞에 시무룩해져서 "그래, 난 역시 틀렸어. 이런 내가 어떻게 하나님의 자녀라고 할 수 있겠어"라고 할 때 성령이 내 영혼을 벼락같이 야단치시고, 다시 내 영혼의 불꽃을 살려주셔서 "누가 뭐래도 나는 그리스도 예수 안에 있어서 결코 정죄함이 없고, 하나님의 독생자를 주시기까지 사랑하신 하나님의 자녀야. 하나님이 우리 아빠야"라고 부르짖게 하셨습니다.

"자녀이면 또한 상속자 곧 하나님의 상속자요 그리스도와 함께 한 상속자니 우리가 그와 함께 영광을 받기 위하여 고난도 함께 받아야 할 것이니라"(롬 8:17). 하나님의 자녀이면 상속자이기도 합니다. 우리가 그리스도와 함께 영광을 받기 위하여 고난도 함께 받아야 한다고 선포합니다. 지금 우리를 둘러싸고 있는 이 세상의 상황, 위협, 저항, 고난, 핍박과 순교의 이야기들, 우리를 겁먹게 하고 두렵게 하는 모든 것이 사실은 우리가 장차 받게 될 영광에 비하면 잠깐이고, 그 영광에 비한다면 아무것도 아닙니다.

우리가 육신에 거하는 동안 잠시 탄식하지 않을 수 없지만, 그러나 그 탄식은 절망의 탄식이 아니고 소망입니다. 너무 큰 영광을 받게 되고 정말 놀라운 소망을 가지고 있는데도, 거기에 미치지 못하는 우리의 모습 때문에 탄식하는 것뿐입니다. 그런데 놀랍게도 하나님은 "이와 같이 성령도 우리의 연약함을 도우시나니 우리는 마땅히 기도할 바를 알지 못하나 오직 성령이 말할 수

나에게 생생한 복음

없는 탄식으로 우리를 위하여 친히 간구하시느니라 마음을 살피시는 이가 성령의 생각을 아시나니 이는 성령이 하나님의 뜻대로 성도를 위하여 간구하심이니라"(롬 8:26-27)라고 선포해 주십니다.

생명을 바쳐서 구속 사역을 완성하신 예수님도 하나님 우편에 계시면서 재림의 순간까지 우리를 위하여 간구하고(롬 8:34) 계십니다. 하나님 아버지는 아들을 내어주시기까지 우리를 사랑하시고, 아들 예수님은 생명을 드려 구속 사역을 완성하시고 하늘 보좌 우편에서 우리를 위해 중보하십니다. 성령님은 우리 안에 같이 사시면서 우리의 영혼을 일깨워 영의 인도함을 받도록 하십니다. 우리가 갈 바를 모르고 구할 바를 모를 때 그것을 친히 깨닫게 하시고 알게 하시고 인도해주시니까 우리는 그저 성령님을 믿고 따라갈 수 있습니다.

하나님의 사랑에서 끊을 수 없는 자

그러니까 걱정할 필요가 없습니다. 염려는 우리 것이 아닙니다. 우리에게 주어진 일은 성실하게 해야 하지만 걱정할 필요는 없습니다. "사람이 마음으로 자기의 길을 계획할지라도 그의 걸음을 인도하시는 이는 여호와시니라"(잠 16:9). 만약 우리가 잘 계획했다면 성령님은 '하나님의 지혜를 따라서 믿음으로 잘 계획했구나' 하고 우리를 밀어주시고 힘주시고 인도해주실 것입니다. 그런데 혹시 내 생각이 짧고 두려움에 빠져서 잘못 분별하여 잘못된 계획을 세웠을지라도 성령님은 그대로 내버려두지 않으시고 하나님의 뜻대로 우리를 이끌어주신다고 말씀하십니다.

그런데 우리가 망할 수 있겠습니까? 그러니까 "하나님을 사랑하는 자 곧 그의 뜻대로 부르심을 입은 자들에게는 모든 것이 합력하여 선을 이루느니라"(롬 8:28)라고 하신 말씀 그대로 이루어지는 것입니다. 할렐루야! 그래서 주님은 날마다 나에게 생생한 주님이 되실 수밖에 없습니다.

오순절 성령 강림을 통해 일어난 놀라운 변화, 주님의 은혜를 경험하고 살아가는 사람들의 담대함은 다른 데서 나오는 것이 아닙니다. 사실을 사실대로 알고, 진리를 바로 알고, 두려움을 몰아내는 것이 온전한 사랑입니다. "사랑 안에 두려움이 없고 온전한 사랑이 두려움을 내쫓나니 두려움에는 형벌이 있음이라 두려워하는 자는 사랑 안에서 온전히 이루지 못하였느니라"(요일 4:18). 예수님은 십자가로 당신의 온전한 사랑을 확증해주셨습니다.

"누가 우리를 그리스도의 사랑에서 끊으리요 환난이나 곤고나 박해나 기근이나 적신이나 위험이나 칼이랴 기록된 바 우리가 종일 주를 위하여 죽임을 당하게 되며 도살 당할 양 같이 여김을 받았나이다 함과 같으니라"(롬 8:35-36). 주님은 빛으로 이 어둠 속에서 살아가야 하는 우리가 어떤 일들을 당하게 될지 다 아십니다. "그러나 이 모든 일에 우리를 사랑하시는 이로 말미 암아 우리가 넉넉히 이기느니라 내가 확신하노니 사망이나 생 명이나 천사들이나 권세자들이나 현재 일이나 장래 일이나 능 력이나 높음이나 깊음이나 다른 어떤 피조물이라도 우리를 우 리 주 그리스도 예수 안에 있는 하나님의 사랑에서 끊을 수 없으 리라"(롬 8:37-39). 사랑하는 여러분, 이 말씀을 꼭 기억하시기 바랍니다. 우리를 그리스도의 사랑에서 끊을 수 있는 것은 아무 것도 없습니다.

성령이 강림하고 난 후에 우리의 운명이 어떻게 바뀌는지 아 시지요? 우리는 로마서 8장의 선언대로 놀라운 하나님의 자녀 된 당당함을 가지고 살아갑니다. 저항하는 세상, 어둠의 세력들 앞에서 우리는 동일하게 연약한 몸을 가지고 살아갑니다. 그러 나 옛날의 내가 아닙니다. 우리 안에 성령님이 그리스도의 영으 로 함께 계십니다. 그렇기 때문에 세상이 우리를 주님의 사랑에 서 결코 끊을 수 없고 무릎 꿇릴 수도 없습니다. 우리의 승리는 보장되어 있습니다. 주님은 살아 계십니다. 그리고 성령님이 오 셨습니다. 복음은 우리에게 전부 실제가 된 것입니다. 오늘도 승 리합시다!

복음의 놀라운 능력은 육신을 따르며 죄의 종노릇 할 수밖에 없던 우리를 생명의, 성령의 법으로 해방시켜주셨다는 것입니다. 그리고 내주하시는 성령님으로 말미암아 복음을 살게 하십니다. 이러한 특권을 받았음에도 상황과 현실의 걱정, 두려움으로 믿음이 흔들리고 있습니까? 나를 가장 두렵게 하고 어렵게 하는 것은 무엇입니까?

외식이라는 신앙을 버리세요

오순절 성령 강림 이후 로마서 8장의 선언과 진리가 실제 역사 속에서 검증되었나요? 네, 검증되었습니다. 예루살렘에 있는 교회는 예수님 앞에서 보고 들었던 사람들이 모인 공동체입니다. 그러나 그들이 보고 들은 것은 온전히 그들의 것이 될 수 없었습니다. 그런데 성령이 오시자 그들이 보고 들은 것이 이제는 내 안에 오신 예수님으로, 복음의 진리가 생생한 실제가 되어 살아가게 되었습니다.

복음은 그들이 들었던 똑같은 복음이요 복음을 들었던 그들역시 다르지 않았습니다. 그런데 성령이 임하시자 두려워하던 그들이 담대해졌고, 혼란스럽던 것 역시 아주 확실하고 단순해졌습니다. 하나님이 우리에게 주신 예수 그리스도의 완전한 복음, "예수면 다", "복음이면 충분하다"는 것은 애쓰고 노력해서 되는 것이 아닙니다. 성령님이 오시자 그동안 듣고 배우고 훈련받은 모든 것이 역동적으로 살아서 그들의 현실이 되고 실제가 되어 성령 공동체가 된 것입니다.

메시지가 바뀌다

그중 뚜렷한 두 가지가 있는데 첫째, 그들이 전한 메시지가 혼란스럽지 않았다는 것입니다. 그 전에 그들이 다른 엉뚱한 것을 기대하고 예수님 앞에 나왔다면 지금은 그 결론이 확실히 났습니다. 그들이 전하는 메시지는 복음이었고, 그들이 믿은 내용은 예수님의 십자가와 부활이었습니다. 모든 것은 그리스도 안에서 통일되고, 예수 그리스도 안에 모든 답이 있습니다. 예수님도 "내가 곧 길이요 진리요 생명이니"(요 14:6)라고 말씀하셨습니다. 하나님을 떠난 모든 거짓과 혼돈에서 주님이 길과 진리와 생명이 되어주셔서 이제 모두가 예수님으로 말미암아 살아 계신 하나님을 실제로 만나게 되고, 그 하나님을 누리게 된다고 하신 선언이 그대로 이루어졌습니다. 그래서 그들은 메시지를 더 붙이고 뺄 것도 없고 더 말하고 싶은 것도 없었습니다.

"내가 너희 중에서 예수 그리스도와 그가 십자가에 못 박히신 것 외에는 아무것도 알지 아니하기로 작정하였음이라"(고전 2:2). 바울의 고백입니다. "또한 모든 것을 해로 여김은 내 주 그리스도 예수를 아는 지식이 가장 고상하기 때문이라 내가 그를 위하여 모든 것을 잃어버리고 배설물로 여김은 그리스도를 얻고"(빌 3:8). 그가 그리스도를 얻기 전에 자신이 알던 자랑거리, 혈통, 지식, 업적, 행위, 공로, 이 모든 것을 전부 배설물로 여기

나에게 생생한 복음

는데, 왜냐하면 그리스도 예수를 아는 지식이 가장 고상하기 때문입니다. 이것이 바뀐 메시지였고 그들이 믿은 진리는 단순 명확하고 확실했습니다.

주인이 바뀌고 삶이 바뀌다

둘째, 그 메시지 그대로 그들의 삶이 바뀌었습니다. 가장 중요한 것은 그들의 주인도 바뀌었다는 것입니다. 자기가 주인이었을 때는 주님을 믿노라 애를 써도 날마다 그 모양이었는데, 이제는 예수 그리스도가 나의 왕, 나의 주님이 되셔서 그 삶이 바뀌었습니다. 그들의 삶은 십자가에서 끝이 났고, 이제 새 백성이 되어 영으로 살아가는 삶, 진리가 결론이 된 삶을 살아갑니다. 모든 일의 결정, 모든 비전의 주체가 전부 주님으로 바뀌었습니다.

그들에게 더 이상 실패는 없습니다. 그들에게 번 아웃(burn out)이란 없습니다. 그들이 삶을 살되 육을 따라 살지 않기 때문에 더 이상 세상 유혹에 흔들리지 않습니다. 그들이 믿는 내용이 바뀌었고 진리를 믿는 그들의 삶이 완전히 바뀌었습니다. 성령이 오시고 난 다음 초대교회는 사도들만이 아닌 다른 제자들도 똑같이 동일한 예수님, 동일한 성령님, 동일한 진리, 동일한 담대함으로 세상을 향해 증거하는 하늘 백성들이 되었습니다.

그때 세상의 반응은 어땠습니까? 예수님께 했던 반응과 똑같았습니다. 예수님 앞에서 그들의 어둠이 드러나자 이를 악물고 죽이려고 덤벼들었던 것처럼 똑같이 교회도 세상의 핍박과 위협과 공갈이라는 공격을 받았습니다. 그러나 그들에게는 이미 결론이 났습니다. 십자가와 부활을 통해서 성령이 그들의 영 안에 실제가 되시고 살과 피가 되게 하신 담대한 진리를 가지고 하나님을 경외하기 때문입니다. "하나님 앞에서 너희의 말을 듣는 것이 하나님의 말씀을 듣는 것보다 옳은가 판단하라 우리는 보고 들은 것을 말하지 아니할 수 없다 하니"(행 4:19-20). "하나님이 살아 계시고, 그 크고 놀라우신 하나님이 우리에게 명령하셨는데, 하나님 앞에서 당신들의 말을 듣는 것이 옳겠는가?" 이만큼 당당해졌습니다. 놀라운 것입니다.

더욱이 "이 땅에서 육신을 입고 살아가면서 인종, 혈연, 문화가 다르고 처지가 다른데, 어떻게 한 백성으로 한 분 주님을 섬기며 서로 사랑할 것인가?" 이것은 일찍이 그들이 훈련이나 지식으로 이루어낼 수 없었고 이론뿐이었던 하늘 새 백성의 삶이었습니다. "하나님을 사랑하고 네 이웃을 사랑하라"고 하셨는데 이것을 실패한 것이 구약의 역사입니다. 우리도 늘 실패합니다. 그러나 성령님이 강림하고 나서 초대교회에 기적 같은 일이 일어납니다. 서로 하나의 공동체가 된 것입니다. 한 믿음 한 소망을 가지고, 계급이나 위치를 따지지 않고 형제자매가 되었습니다. 즐거이 헌신하며 자기 소유를 내 것이라 하지 않고 내놓습니다. 공동체로 함께 섬기고 서로 사랑하는 놀랍고 꿈같은 일이 성령 안에서 실제로 일어났습니다.

초대교회 안에 들어온 외식이라는 누룩

그런데 성령이 역사하는 현장에는 그 안에 사탄이 들어와 거짓말하고 사기 치는 역사도 같이 있습니다. 성령 충만한 압도적인 분위기가 되자 공동체 안에 들어오기는 했지만, 아직 자기 내면이 준비되지 않은 사람들, 모든 것을 포기하고 싶지는 않은 사람들, 그 심령 안에 아직 결론 나지 않은 두 마음을 품었던 아나니아와 삽비라 같은 사람들에게 사탄이 다른 마음을 넣어준 것입니다. 이들을 통해 초대교회 안에 위기가 찾아왔고 그러니까 생각이 복잡해지기 시작합니다. 아직 나는 그렇게까지 할 마음이 없고, 믿음도 없고, 내 것을 다 내놓기에 불안하고, 포기하기가 쉽지 않고, 아직 준비가 되지 않았다면 정직하게 말해야 했습니다. 누구도 강요하지 않기 때문입니다. 초대교회는 철저히 성령께 부름 받아 하나님께 반응하는 자발성이 최고의 특징입니다. 누구도 강압하거나 종교적으로 억압하거나 제도화시켜서 억지로 빼앗아 나누지 않았습니다. 철저히 자발적이었습니다.

그런데 문제는 나도 뒤처지고 싶지 않았던 것입니다. 이 좋은 분위기를 나도 누리면서 내 욕심까지 그대로 가지고 싶었습니다. 아직 준비가 안 됐다면 솔직하게 이야기하고 은혜를 더 구하고 주님 알기를 더 소망했으면 될 텐데 무섭게도 외식(外飾)을 한 것입니다. 다 바치는 것처럼 했지만 땅 값의 얼마를 남겨둔 것입니다.

"베드로가 이르되 아나니아야 어찌하여 사탄이 네 마음에 가득하여 네가 성령을 속이고 땅 값 얼마를 감추었느냐 땅이 그대로 있을 때에는 네 땅이 아니며 판 후에도 네 마음대로 할 수가 없더냐 어찌하여 이 일을 네 마음에 두었느냐 사람에게 거짓말한 것이 아니요 하나님께로다"(행 5:3-4). 즉 "누구도 강요하지 않았는데 어째서 너는 하나님 두려운 줄 모르고 눈에 보이는 사람 앞에 외식하며 하나님을 속였느냐?"라고 무서운 책망을 듣게 됩니다.

초대교회에 이런 일들이 슬금슬금 들어오면 큰일 납니다. 예수님을 십자가에 못 박아 죽인 자들이 바로 외식하는 자들이었습니다. 하나님을 믿고 누구보다 율법을 철저히 지키고 가르치는 사람으로 그것 때문에 기득권을 누리며 살면서도 정작 진리 자체이신 예수님이 왔는데 회개하지 못했습니다. 회개하고 믿음이 없음을 고백하고 주님을 더욱 알기를 구했으면 될 텐데 말입니다.

나에게 생생한 복음

하나님을 떠난 아담이 받은 가장 무서운 저주가 무엇입니까? 하나님을 두려워하지 않게 된 것입니다. 불경건한 것입니다. 하나님이 다 보고 계신데, 하나님이 거짓말하는 것을 가장 싫어하시는데, 하나님이 속으시겠습니까? 그런데 감히 눈앞에 있는 사람이 두렵고 사람에게 인정과 평판을 받고 싶어서 하나님을 속이고 외식하기 시작한 것입니다.

아무리 놀라운 복음을 들어도 우리가 하나님 경외하기를 포기하면 사탄이 마음에 가득해져서 성령을 속이는 일을 합니다. 이것이 주님의 몸 된 교회에 얼마나 큰 해악이었는지 모릅니다. 아나니아와 삽비라의 행동은 사탄에게 문을 열어주어 충만한 성령 공동체 안에 사탄을 끌어들인 것입니다. 그들의 마음에 두었다는 말인즉 공동체 안에, 교회 안에 사탄을 끌어들이는 것이고, 성직자든 성도든 이런 위험천만한 짓을 하면 공동체 전체를 망가뜨리게 됩니다.

놀라운 복음을 받고 교회에 들어왔지만 아직 다 버리지 못한, 아직 죽음에 넘겨지지 않은 자아로 두 마음을 품은 채 여지를 두고 있다면 사탄이 그것을 기가 막히게 압니다. 사탄이 바로 우리의 옛 주인이기 때문입니다. 사탄이 우리의 온 마음을 장악하는 것은 아주 순간의 문제입니다. 그러니까 분위기에 들떠서 헌금을 하긴 해야겠는데, 그들이 밤새 얼마나 고민이 많았겠습니까?

부부가 서로 입을 맞추느라 얼마나 고민했겠습니까? 사람이 복잡하고 생각이 자꾸 꼬이는 것은 마음이 두 마음이라서 그렇습니다. 마음이 정해지지 않았기 때문에 그런 것입니다. 복음으로 결론이 나지 않고 복음이 절대적이지 않기 때문입니다.

성령님이 지켜주시는 교회

성령께서 이 기막힌 위험에 처한 하나님의 성령 공동체를 놀랍게 지켜주셨습니다. 순전한 초대교회는 앞으로 올 역사 속에 존재하는 모든 교회의 표상입니다. 아나니아와 삽비라가 하나님 앞에 거짓말하고, 기회를 줬는데도 다시 거짓말하고, 하나님을 두려워함이 전혀 없는데, 이것이 용납된다면 비슷한 사람들이 용기를 얻어 무서운 외식과 누룩에 감염되고 말 것입니다. 그래서 정말 무섭게 다루셨습니다. 두 사람은 그 자리에서 즉사했습니다. 이제는 그저 눈앞에서 종교 행위하고 사람들의 인정 평판을 받으며 적당히 모양만 갖춰서 하나님을 믿으면 안 됩니다. 이런 것은 생명의 성령 공동체이며 그리스도의 몸 된 교회에서 통하지 않습니다.

어떻게 하나님을 속입니까? 어떻게 겁 없이 하나님과 성령 공동체를 속일 수 있습니까? 성령님이 우리 안에 계신데 어떻게 하나님의 성전 안에 사탄이 가득하도록 초청해서 성전을 더럽

나에게 생생한 복음

힐 수 있습니까. 이 위험천만한 일을 그냥 두면 그것이 지옥입니다. 멸망입니다. 하지만 여러분, 걱정하시지 마세요. 성령님이 교회를 지켜주십니다. 주님은 날마다 우리의 걸음을 안전하게 지켜주십니다.

아나니아와 삽비라의 사건은 두려운 이야기가 아닙니다. 하나님은 살아 계시고 지금도 우리를 얼마나 신실하게 지키시는지 초대교회에 아주 생생한 증거가 된 기록입니다. 거룩하고 경건한 교회, 외식이라는 누룩이 들어오지 못하도록 주님이 정결한 불로 깨끗이 소멸하시고, 하나님이 우리를 지키시는 아름다운 표가 되는 엄중한 경계표를 세우신 것입니다.

날마다 생생한 주님, 날마다 생생한 복음, 그 복음은 관념이나 정신 통일이 아닙니다. 죽은 종교가 아니고 죽은 신학 이론이 아닙니다. 하나님이 살아 계신 것이 실제이고, 내가 숨 쉬고 사는 것이 실제인 것처럼 더욱 분명한 실상이 바로 오순절 날 성령님이 땅의 각 사람의 심령 안에 내주하러 오셔서 복음을 복음 되게 살아내게 하시는 주님의 약속이 실제라는 사실을 보이신 확실한 사건입니다. 주님, 살아 계십니다. 할렐루야!

성령으로 변화된 증인의 삶의 모습은 단순하고 담대했습니다. 예수 그리스도의 십자가 복음만 자랑했고 그것이 답이었습니다. 여러분은 하나님을 경외하는 자입니까? 여러분이 말하고 전하는 메시지의 내용은 무엇입니까? 삶의 문제의 답을 어디에서 찾고 있는지 묵상해보십시오.

PART

2

최고의 선물

성령 충만

성령 충만을 받으려면

주님이 오순절 날을 약속하시며 말씀하셨습니다. "예루살렘의 상황을 피하려고 하지 마. 도망가지 마. 예루살렘을 떠나지 말고 아버지가 약속한 걸 기다려. 그러면 예수님의 생명과 복음이 너희 안에서 실제가 되는 기적을 보게 될 거야. 하나님께서 역사 내내 약속해 오신 새 언약의 중심, 성령 하나님이 너희 영 안에 오셔서 성령으로 살아가게 되는 기적의 날이 올 거야!" 예수님이 승천하시고 나자 이 약속을 결론으로 붙잡았던 사람들이 있습니다. 마가의 다락방의 120 문도들, 바로 오순절 성령 강림의 주역이 되었던 사람들입니다. 그들은 주님이 기다리라고 하신 '아버지의 약속'이 결론이라는 것을 눈치챈 사람들입니다.

우리가 다급하고 어려울 때 주님의 사랑과 은혜를 받고, 세상과 나는 간 곳 없고 구속한 주(主)만 보이는 것 같은 기쁨과 감격을 누립니다. 그런데 그런 시간은 얼마 가지 않고, 교회는 왜 금세 타락하고 열정적이던 사람들은 왜 세속적으로 변하는 것일까요? 그 많던 훈련은 다 어디로 가고 명목주의는 왜 이렇게 많이 남아 있습니까? 이런 걱정, 저런 비판, 나 자신에 대해 아무리 실망스러워도 결국 백문일답(百問一答)입니다. 2천 년이 지난 지금도 동일하게 우리도 이 결론을 붙잡습니다.

　복음은 이미 예수님을 통해 완성되었고, 주께서 그 복음을 생생한 생명으로 누릴 수 있는 유일한 길인 오순절 성령 강림을 통해 꿈에 그리던 새 언약을 이루어주셨습니다. 그러므로 주님의 완성된 십자가의 복음이 내 안에 실제가 되어 나는 죽고 예수로 살고, 세상에 있기는 하지만 세상에 대하여 죽어 이제는 더 이상 죄에 끌려다니는 종이 아니라 당당한 진리의 증인이요 영의 사람으로 살아가는 삶의 비결은 딱 하나입니다. 성령 충만 외에 다른 길이 없습니다. 이것이 결론입니다.

성령 충만을 받기 위한 전제

성령 충만 외에 다른 길이 없는데, 그럼 성령 충만은 어떻게 받지요? 성령 충만은 어느 때 누구에게나 한 사람도 예외 없이 믿고 구하는 자에게 주님께서 주시는 현재형이며, 오늘 이 순간에도 누릴 수 있는 것입니다. 성령 충만을 받기 위해서는 첫째, 복음을 믿어야 합니다. 예수님의 약속에 근거해야 합니다. "명절 끝날 곧 큰 날에 예수께서 서서 외쳐 이르시되 누구든지 목마르거든 내게로 와서 마시라 나를 믿는 자는 성경에 이름과 같이 그 배에서 생수의 강이 흘러나오리라 하시니 이는 그를 믿는 자들이 받을 성령을 가리켜 말씀하신 것이라 (예수께서 아직 영광을 받지 않으셨으므로 성령이 아직 그들에게 계시지 아니하시더라)"(요 7:37-39).

예수님은 누구든지 목마르고 성령 충만을 원한다면 먼저, "내게로 와서 마시라"고 하십니다. 그러니까 철저히 예수 그리스도의 복음 앞으로 나와야 한다는 것입니다. 성령 충만을 구하느라 애를 쓰고 부르짖고 금식하면서도 성령 충만을 누리지 못하는 분들을 보면 이 전제를 모르고 있습니다. 우리는 십자가의 복음을 먼저 듣고 알아야 합니다.

둘째, 성령 충만을 받으려면 성령 충만을 간구해야 합니다. "사도와 함께 모이사 그들에게 분부하여 이르시되 예루살렘을 떠나지 말고 내게서 들은 바 아버지께서 약속하신 것을 기다리라"(행 1:4). 성령 충만은 허락이 된 건지 아닌지도 모르는 상태가 아니라 하나님께서 약속해놓으시고 이미 다 이루신 것입니다. 그런데 조건이 있습니다. 바로 성령 충만을 간구하는 것입니다. "아버지께서 약속하신 것을 기다리라"는 주님의 말씀에 응답했던 역사의 주역들, 120 문도들은 한 곳에 모여서 다같이 한마음으로 기도에 힘썼습니다. 돼도 좋고 안 돼도 좋고 시간이 나서 해보는 태도로 하는 것이 아니라 구명줄을 잡듯이 이것이 아니면 죽는다는 심정으로, 이것만이 해답인 줄 알고 간절히 구하라는 것입니다.

"그러므로 어리석은 자가 되지 말고 오직 주의 뜻이 무엇인가 이해하라 술 취하지 말라 이는 방탕한 것이니 오직 성령으로 충만함을 받으라"(엡 5:17-18). 셋째는, 이 말씀처럼 내가 성령의 능력을 받아 휘두르는 것이 아니라 성령께서 나를 완전히 사로잡으시도록 나를 그분에게 내어드려서 그분에게 온전히 복종할 태도를 가지는 것입니다. 주시니까 받으라고 하십니다. 그런데 여전히 목을 꼿꼿이 세우고 내 생각과 내 계획대로 성령 충만을 구하면 안 됩니다. 진리가 내 심령을 감동하여 사로잡을 때까지 주님 앞에 온전히 나 자신을 드려야 합니다.

성령님은 누구신가?

성령 충만을 받기 위한 세 가지 중요한 전제를 이해하셨다면, 그 다음에는 성령님이 누구신지에 대한 바른 이해가 필요합니다. 첫째, 성령님은 살아 계신 완전한 하나님이십니다. 성경이 가르쳐주신 하나님에 대한 계시가 바로 성부 하나님, 성자 하나님, 성령 하나님입니다. 그런데 사람들이 자꾸 성령님에 대해서 영적이고 초자연적인 힘, 은사와 능력을 주는 영향력 정도로 생각합니다. 성령 하나님을 인격체로, 혹은 찬양받으실 하나님으로 아는 것이 아니라 우리가 이용할 수 있는 능력이나 초자연적인 체험 정도로 생각하는 아주 심각한 오류를 범한다는 것입니다.

정신을 똑바로 차려서 아셔야 합니다. 성령님은 3등 하나님이 아닙니다. 성부 하나님이 완전하신 것처럼, 성자 예수님이 완전하신 것처럼, 성령 하나님도 완전하신 하나님이십니다. 우리의 찬양과 경배를 받으시기에 합당하시며, 인격이신 살아 계신 하나님이심을 확실히 알기만 해도 성령님에 대한 수많은 오해를 풀 수 있습니다. 성령님은 우리를 다스리시는 하나님이시지 우리가 이용할 능력이나 영향력이 아닙니다.

둘째, 예수님의 복음을 모르는 성령 충만이란 있을 수 없습니다. 물론 성령님은 완전하신 하나님이시기에 모든 일들을 당신의 주권으로 행하실 수 있지만, 성령님은 우리에게 복음으로 찾아오시고, 우리로 하여금 하나님의 거룩한 임마누엘의 축복을 누리게 하시는 분으로 오시기 때문에 예수님과 무관하게 역사하시지 않습니다. 성령님은 우리가 복음을 알고 믿도록 우리를 도와주시고, 여러 은사와 능력으로 역사하시는 분이며, 그 목적 또한 정확합니다. 성령님은 우리가 오직 예수 그리스도의 복음을 믿고, 예수 그리스도로 말미암아 구원받고, 예수의 생명으로 하나님의 백성이 되어 살아가게 하기 위해서 내 영 안에 내주하러 오셨습니다. 성령님은 절대 따로 무슨 일을 하러 오시는 것이 아닙니다. 성령님은 우리가 유일한 복음이 되시는 예수님의 십자가와 부활을 믿어 중생케 하십니다. 그러니까 복음 따로 성령님 따로일 수가 없는 것입니다.

"너희가 거듭난 것은 썩어질 씨로 된 것이 아니요 썩지 아니할 씨로 된 것이니 살아 있고 항상 있는 하나님의 말씀으로 되었느니라"(벧전 1:23). 우리는 썩지 않을 씨, 살아 있고 항상 있는 하나님의 말씀으로 거듭났습니다. 또한 "육으로 난 것은 육이요 영으로 난 것은 영이니 내가 네게 거듭나야 하겠다 하는 말을 놀랍게 여기지 말라"(요 3:6-7) 하고 우리가 성령으로 거듭나야 한다고 말씀합니다. 결국 말씀으로 거듭나고 성령으로 거듭난다는 것은 하나입니다. 구원의 역사는 거듭남의 역사인데, 십자가의 복음이 없는 체험, 능력, 기적은 진정한 성령의 역사가 아닙니다. 아무리 유익한 은사와 기적이라도 그 자체가 목적이 될 수는 없습니다. 그것을 통해서 믿지 못하던 내 영혼을 하나님께 돌이켜 살아 계신 하나님을 알게 하시고, 예수님의 복음의 진리를 깨달아 거듭나게 하시는 역사를 성령님이 이루십니다.

셋째, 성령님은 진리의 영으로 우리 안에 오십니다. "내가 아버지께 구하겠으니 그가 또 다른 보혜사를 너희에게 주사 영원토록 너희와 함께 있게 하리니 그는 진리의 영이라 세상은 능히 그를 받지 못하나니 이는 그를 보지도 못하고 알지도 못함이라

나에게 생생한 복음

그러나 너희는 그를 아나니 그는 너희와 함께 거하심이요 또 너희 속에 계시겠음이라 내가 너희를 고아와 같이 버려두지 아니하고 너희에게로 오리라"(요 14:16-18). 우리가 하나님의 진리의 말씀을 아무리 배워도 그대로 살 수 없었는데, 성령님이 말씀을 깨닫게 하실 뿐만 아니라 그 말씀대로 살아갈 수 있는 진리의 성령으로 우리 안에 오셔서 영원토록 내주하신다는 것입니다.

백문일답, 성령 충만!

우리가 성령 충만을 받는 것 외에 다른 길이 없다는 것을 깨달았다면 첫째, 예수님의 복음을 믿어야 합니다. 둘째, 간절한 마음으로 아버지께서 약속하신 것을 간구해야 합니다. 셋째, 성령께 완전히 사로잡히도록 나 자신을 드려야 합니다. 그리고 성령님이 어떤 분이신지 바로 알아야 합니다. 그분은 살아 계신 하나님이시며 인격체이십니다. 우리가 이용할 능력이나 파워나 영향력이 아닙니다. 경배받기에 합당하신 분이십니다. 성령님은 우리에게 오셔서 우리를 거듭나게 하시고, 거룩하게 하시고, 증인의 삶을 살게 하시고, 영원히 내 안에 내주하셔서 명목주의, 세속주의, 육적인 그리스도인이라는 초라하기 짝이 없는 삶을 버리게 하시고, 성령 충만한 생명의 증인으로 살게 하십니다.

성령님이 오시면 우리 안에 강물같이 흐르는 기쁨이 있습니다. 주님이 주시는 참된 평화가 있습니다. 우리 속에 성령 충만이 넘치게 하셔서 놀라운 주의 일을 이루어주시는 주님, 주님이 하십니다. 할렐루야!

세상에 휘둘리지 않고 복음이 결론 된 삶을 살아가는 비결은 단 하나! 성령 충만입니다. 성령 충만 외에 다른 길은 없습니다. 여러분이 원하는 성령 충만함은 어떤 충만함입니까? 그 충만함을 주시는 성령님을 여러분은 어떻게 대하고 계십니까?

어떻게 성령 충만을 누리는가

우리의 온 마음과 심령이 성령님을 향해 열려 있으면 우리의 관심은 온통 성령 충만에 있습니다. 어떻게 하면 나도 성령의 능력을 받고 뜨거운 가슴으로 은혜를 누리며 거침없이 멋지게 살아갈 수 있는지 고민하고, 많은 기적과 은사를 체험하기 원하고, 또 성경을 깊이 연구하기도 합니다. 모든 것이 유익하고 필요한 일들입니다. 주님은 내주하시는 성령의 기쁨이 내 삶을 장악하고 나를 변화시키고 진리를 따라 담대하게 살아가도록 하기 위해서, 우리가 주님 앞에 서도록 모든 것을 다 사용하십니다. 우리를 주님 앞으로 이끌어가십니다.

십자가 앞에서 나는 누구인가?

우리가 성령의 충만을 누리기 위해서는 첫째, 구원의 복음 앞에 철저히 서야 합니다. 구원의 복음 앞에 철저히 선다는 것은 십자가의 복음을 대강 안다고 말하거나 이해하고 동의하는 것이 아닙니다. 복음 앞에 선다는 말은 복잡하게 말할 것도 없이, 복음이 필요했던 나의 실존이 얼마나 비참하고 끔찍한 죄인이었는지를 돌아보는 것입니다.

죽음 외에, 하나님의 심판 외에 다른 방법이 없는, 죄 곧 나요 나 곧 죄였던 내 존재의 실상, 살았다고 하지만 기껏해야 죄에 대하여 산 자로 하나님을 반역하고 내가 하나님이 되고 주인이 되어 그저 "나, 나, 나" 하고 산 것입니다. 너무 당연하게 살아온 나의 육적인 삶, 자아 충만했던 삶, 십자가의 복음 앞에 거꾸러질 수 없어서 마지막 발악을 하고, 결국 나 자신을 십자가 앞에 내어놓을 수 없었던 나를 돌아보아야 합니다.

수많은 사람이 예수님을 만나러 찾아오기는 했지만, "나를 따라오라"고 하시는 주님의 초청에 선뜻 응할 수 있는 사람은 많지 않았습니다. 왜냐하면 주님은 "아무든지 나를 따라오려거든 자기를 부인하고 날마다 제 십자가를 지고 나를 따를 것이니라"(눅 9:23)라고 하셨고, 또 "누구든지 자기 십자가를 지고 나를 따르지 않는 자도 능히 내 제자가 되지 못하리라"(눅 14:27), "이와 같이 너희 중의 누구든지 자기의 모든 소유를 버리지 아니하면 능히 내 제자가 되지 못하리라"(눅 14:33)라고 말씀하셨습니다.

하지만 이런 주님의 요구가 과격한 게 아니라면 믿으시겠습니까? "맞아요. 난 죄인이에요. 그런데 나는 세례받았어요!",

"꼭 그렇게만 살아야 하나요?", "꼭 그렇게 극단적으로 믿어야 하나요?"라고 하면서 비참한 죄인이었던 자신의 실상에 교리로만 동의하고, 죄인이라는 말을 교회 안에서 문화적으로 감상적으로 사용하고, 복음 앞에 한 치도 자기를 포기하지 않고 있는 것은 아닙니까?

"하나님의 말씀은 살아 있고 활력이 있어 좌우에 날선 어떤 검보다도 예리하여 혼과 영과 및 관절과 골수를 찔러 쪼개기까지 하며 또 마음의 생각과 뜻을 판단하나니"(히 4:12). 그렇습니다. 복음의 진리는 어떤 검보다 날카로워서 굳어지고 자기변명과 합리화로 똘똘 뭉치고, 나도 나를 속여서 내가 누구인지를 알 수 없던 죄인이었던 나의 실상을 십자가의 복음 앞에서 철저히 깨닫게 합니다. 성경에 기록된 모든 죄가 내 안에 있다는 것을 발견하게 합니다.

위대한 장의사

구원의 복음 앞에 철저히 서려면 십자가의 죽음이 나의 죽음이라는 것을 알아야 합니다. "무릇 그리스도 예수와 합하여 세례를 받은 우리는 그의 죽으심과 합하여 세례를 받은 줄을 알지 못하느냐 그러므로 우리가 그의 죽으심과 합하여 세례를 받음으로 그와 함께 장사되었나니 이는 아버지의 영광으로 말미암아 그리스도를 죽은 자 가운데서 살리심과 같이 우리로 또한 새 생명 가운데서 행하게 하려 함이라"(롬 6:3-4)라는 말씀처럼 성령은 내 존재에 대한 처절한 인정, 십자가 앞에 내가 철저한 죄인이라는 것을 깨닫게 하십니다. 결국 죽을 수밖에 없고 지옥의 심판을 받을 죄인인 것을 깨닫고 돌이켜 회개하게 하십니다.

"우리가 알거니와 우리의 옛 사람이 예수와 함께 십자가에 못 박힌 것은 죄의 몸이 죽어 다시는 우리가 죄에게 종 노릇 하지 아니하려 함이니 이는 죽은 자가 죄에서 벗어나 의롭다 하심을 얻었음이라"(롬 6:6-7). 누군가 "성령님은 위대한 장의사이다"라고 말했습니다. 성령님은 우리의 양심을 일깨워서 예수님의 십자가의 밑으로 우리를 데려가십니다. 십자가에서 죽으신 예수님을 통해서 예수님을 죽인 죄인이 바로 나라는 사실을 깨닫고 돌이키게 하시는 것입니다. 내 영혼을 예수님의 십자가의 죽음에 참여시키고 예수 그리스도의 부활의 새 생명을 온전히 받아들이게 하시는 일을 성령님이 하십니다.

성령으로 거듭나면 십자가 저 너머로 이미 심판받아 처리된, 나의 끔찍하고 우울하고 반역적인 죄인이었던 내가 이제는 예수님의 새 생명을 나의 전부로 받아들여 주님 앞에 온전히 나 자신을 드리는 기적 같은 일들이 일어납니다. 성령 충만이란, "그때 놀라운 체험을 했어요, 눈물이 나왔어요, 가슴이 뜨거워졌어

나에게 생생한 복음

요, 능력이 나타났어요"라는 것이 아닙니다. 그보다 중요한 것은 죽을 나무에서 잘려 참 감람나무 되시는 주님에게 접붙여져 나의 본성을 거슬러 예수의 생명을 받아 성령으로 하나님의 거룩한 진리를 따라 하나님의 형상으로 살아가게 하신다는 것입니다.

자신을 드리는 만큼 누리는 성령 충만

둘째, 성령 충만을 누리기 위해서는 나 자신을 하나님께 전적으로 드려야 합니다. "그러므로 형제들아 내가 하나님의 모든 자비하심으로 너희를 권하노니 너희 몸을 하나님이 기뻐하시는 거룩한 산 제물로 드리라 이는 너희가 드릴 영적 예배니라 너희는 이 세대를 본받지 말고 오직 마음을 새롭게 함으로 변화를 받아 하나님의 선하시고 기뻐하시고 온전하신 뜻이 무엇인지 분별하도록 하라"(롬 12:1-2).

성령 충만은 오순절을 통해서 우리에게 이미 이루어졌습니다. 예수님을 믿고 거듭나게 하신 성령님이 우리의 심령 안에 이미 내주하여 계십니다. 성령님은 절대 우리를 강제로 끌어가지 않으십니다. 우리가 하나님의 사랑에 감복하여 내 전부를 드리게 되면 그럴 때 성령님이 나를 충만하게 사로잡으십니다.

다른 것은 다 드려도 이것만은 절대 못 드린다는 것이 남아 있는 한 주님은 우리를 성령 충만하게 하실 수 없습니다. 그분이 나의 전부를 온전히 사로잡으시려면 나의 마지막 주권, 이것만은 드릴 수 없다는 최후 최종의 그것, 나의 소유권 전부를 넘겨드려야 합니다. 그럴 때 주님께서 기쁜 마음으로 나를 충만케 하시고 그분이 주고자 하신 충만함으로 나를 사로잡으십니다. 성령에 충만하게 되면 나를 이루고 있는 모든 나, 나와의 관계, 하나님과 나의 관계가 모두 하나님의 원형으로 돌아가기 시작합니다. 그때 강물처럼 영원한 기쁨, 생명 시내가 넘쳐흐릅니다.

오직 성령 충만을 받으라

"술 취하지 말라 이는 방탕한 것이니 오직 성령으로 충만함을 받으라"(엡 5:8). 술에 취하면 그 결과가 방탕인 것처럼 우리가 성령을 가득 받으면 성령으로 충만해집니다. 우리 주님은 우리를 성령으로 충만케 하시려고 이미 모든 것을 다 이루셨습니다. 주님이 놀라운 은혜의 진리 안으로, 복음의 진리 안으로 나를 인도하시고 완전한 충만함을 누릴 수 있도록 이미 하셨고, 이제 나 자신을 기꺼이 주님 앞에 드리기를 기다리십니다.

아직 십자가의 놀라운 체험이 내 것이 되기까지 하나님 앞에 나아간 적이 없다면, 지금까지 고민하던 모든 시간을 끝내고 완전한 주님의 초청 앞에, 성령 충만을 주시기 위해 기다리시는 주님 앞에 나 자신을 드리고 주님을 영접하시기를 바랍니다. 더 이상 고민하고 두려워하는 미래에 대한 막연한 생각을 버리시기를 바랍니다. 주님의 사랑을 믿으세요. 우리를 위하여 자기 아들까지 아끼지 않고 내어주셨는데 무엇을 더 아끼시겠습니까? 내가 나의 주인이 되어 혼자 애를 쓰고 살아가면 내 몫의 그릇으로밖에 살 수 없습니다. 그러나 나를 사랑하시는 주님 앞에 나를 완전히 헌신하고 드리면 하나님의 수준으로 내 인생을 빚어가실 것입니다.

주님 사랑하시지요? 아직도 두려우신가요? 주님 앞에 지금 무릎을 꿇고 자신을 드리세요. 주님께 나의 마지막까지 드립시다. "주님이 나의 전부가 되어주시옵소서"라고 고백하며 주님 앞에 자신을 드릴 때 놀라운 성령 충만을 경험하게 되십니다.

🌱 오늘, 묵상 Devotion for Today

세상의 무엇으로도 만족할 수 없던 영혼이 진정한 만족함과 기쁨을 누리게 되는 것은 오직 십자가의 예수 그리스도입니다. 그분과 온전한 연합을 이루고 순종의 삶을 살 때 주님이 주시는 기쁨을 계속하여 누릴 수 있습니다. 오늘도 성령께서 온전히 나를 사로잡아 순종의 자리에 세워주시기를 간구하십니까?

영으로 인도함을 받는 삶

성령 없이 신앙생활을 한다거나 성령 없이 복음을 살아간다는 것은 말이 안 됩니다. 나는 죽고 예수로 사는 영원한 진리가 내 안에 실제가 되었고, 예수 생명으로 우리 안에 오시게 된 성령님이 우리가 복음을 살아내게 하는 주체가 되시는 놀라운 비밀이 이미 허락되었습니다. 그런데도 성령 충만에 대한 기대가 없고 성령이 누구신지 관심도 없이 그저 종교의 흉내를 내고, 형식과 혈통과 제도 안에 있으니까 저절로 교인이고 저절로 천국 가는 줄 생각하는 일들이 명목주의, 형식주의가 되고 세속주의에 빠지게 하여 생명 없는 기독교가 되는 현실이 참으로 안타깝습니다.

반면에 성령님의 은혜 없이는 살아갈 수 없다는 것을 깨닫고 성령에 대한 관심으로 성령의 충만을 구한다고 하면서, 자칫 성령님을 이용할 수 있는 능력이나 초월적인 경험이나 은사로만 생각하다보니 성령님에 대한 오해와 잘못된 기대 때문에 안타까운 일들이 일어나는데 이 역시 합당하지 않습니다.

그러나 열린 마음으로 주님의 복음 앞에 온전히 나아간다면 성령의 충만함이야말로 어떤 현실보다 실제이며 복음을 살아내게 하는 가장 중요한 하나님의 역사라는 것을 알게 됩니다.

완전한 하나님의 선물

성령 충만은 단회적 사건이나 한 번의 경험으로 끝나는 이벤트가 아니라 우리가 성령으로 살게 되었다는 놀라운 선포이자 능력입니다. 영원히 변치 않으시는 하나님 편에서 이미 다 이루어 놓으신 것으로, 예수 그리스도를 믿고 거듭난 자들을 위하여 성령에 의하여 살아가도록 다 준비해놓으신 것입니다.

그런데 사랑의 주님이시고 인격이신 주님은 우리가 나 자신을 온전히 주님 앞에 드리지 않는 한 강제로 이끌어 가지 않습니다. 우리를 그렇게 창조하지 않으셨기 때문입니다. 우리가 온전한 자발적 헌신에 의해서 주권을 온전히 주께 올려드리면 주님이 나의 삶을 날마다 감동하시고 진리를 깨닫게 하시고 살아가게 하시되 성령 충만으로 인도하십니다.

역사적 사건으로 확증된 십자가의 구속, 그리고 오순절 성령 강림 사건은 성경 역사의 중심이며 복음 성취가 이뤄내는 영원 불변의 사실입니다. "내가 그리스도와 함께 십자가에 못 박혔나니 그런즉 이제는 내가 사는 것이 아니요 오직 내 안에 그리스도께서 사시는 것이라 이제 내가 육체 가운데 사는 것은 나를 사랑하사 나를 위하여 자기 자신을 버리신 하나님의 아들을 믿는 믿음 안에서 사는 것이라"(갈 2:20). 나 죽고 내 안에 그리스도가 사시는 신비한 기적의 삶, 놀라운 변화가 내 안에서 실제로 누려지게 하셨습니다.

그래서 "육신을 따르는 자는 육신의 일을, 영을 따르는 자는 영의 일을 생각하나니 육신의 생각은 사망이요 영의 생각은 생명과 평안이니라"(롬 8:5-6)라고 말씀하십니다. 찬송가 191장 '내가 매일 기쁘게' 가사처럼 주의 영이 함께하시는 찬송의 삶이 가능하게 되었습니다. 내가 진리의 좁은 길을 죽지 못해서 온통 슬픔에 잠겨서 나 혼자 짐을 지고 걸어가는 것이 아니라, 내가 매일 기쁘게 이 순례의 길을 갈 수 있고 복음 안에서 허락된 주의 큰 복을 누리며 살아가는 것이 다 주의 영이 함께하시기 때문이라는 것입니다.

이것을 찾아 누려야 합니다. 주님이 핏값을 주고 베풀어주신 하나님의 놀라운 선물입니다. 우리를 향한 하나님의 계획을 우리의 삶을 통해 마음껏 펼치시는 가장 완전한 하나님의 선물입니다.

성령의 인도함을 받는 방법 1

성령의 인도함을 받는 첫 번째 방법은 살아 계신 '하나님의 말씀'을 따라가는 것입니다. 일찍이 내가 주인 되어 내 상식, 통밥, 경험을 따라 살고, 익숙한 대로 나의 생각과 느낌과 사람들의 인정과 세상의 통념을 따라 살고, 육을 따라 계획하고 판단하며 살아가면서 성령의 도우심을 구한다면 정말 어리석은 일입니다. "너는 마음을 다하여 여호와를 신뢰하고 네 명철을 의지하지 말라 너는 범사에 그를 인정하라 그리하면 네 길을 지도하시리라"(잠 3:5-6). 여전히 자신의 육신의 생각과 익숙한 경험과 세상의 통념을 따라 살아가고 있습니까? 그것을 모두 내려놓으시기 바랍니다.

우리가 십자가의 죽음에 넘겨질 때 나의 육적인 모든 것도 넘겨졌습니다. 그리고 이제 나를 핏값 주고 사신 예수님에게 나의 삶을 온전히 드렸다면 하나님의 마음으로 변화를 받아 하나님의 선하시고 기뻐하시고 온전하신 뜻이 무엇인지 분별해야 합니다. 그 분별은 하나님의 말씀의 기준을 따라 하는 것입니다. 그래서 오늘 다급한 나의 계획, 나의 분주함, 내 염려와 근심, 복잡한 생각을 내려놓고 눈을 뜨자마자 주님의 얼굴을 구하고 "주여, 내게 말씀해주세요"라고 구해야 합니다. 가장 먼저 살아 계신 하나님의 말씀으로 주님의 뜻이 무엇인지 분별해야 합니다.

"복 있는 사람은 악인들의 꾀를 따르지 아니하며 죄인들의 길에 서지 아니하며 오만한 자들의 자리에 앉지 아니하고 오직 여호와의 율법을 즐거워하여 그의 율법을 주야로 묵상하는도다"(시 1:1-2). 즉 성령으로 인도함을 받는 삶은 철저하게 말씀이 내 삶의 결정권을 갖습니다. 살아 계신 주님이 나에게 말씀하시기를 기다려야 내가 그분의 인도함을 받는 종이 아니겠습니까? 성경은 진리의 영이신 성령께서 성령의 감동으로 친히 기록하신 진리의 말씀입니다(딤후 3:15-17). 그러니까 성령님이 인도하시는데 말씀과 다르다는 것은 있을 수 없습니다. 최종 결정은 우리의 체험이나 경험이 아니라 진리의 말씀을 통해서 이루어져야 합니다.

성령님은 하나님의 말씀을 따라가게 하는 힘과 깨달음을 주십니다. 그렇기 때문에 영으로 인도함을 받는 삶을 살고 싶다면서 성경을 덮어놓고 직통 계시를 받겠다거나 성경에 무지하면서 성경 다 안다는 듯한 태도는 잘못입니다. 먼저 진리 앞에 엎드려 성령의 감동을 구해야 합니다.

성령의 인도함을 받는 방법 2

성령님의 인도함을 받는 두 번째 방법은 '기도'입니다. 하나님은 이방인들처럼 마치 아버지 없는 고아처럼 무엇을 먹을까, 무엇을 마실까 이런 것을 구하지 말라고 하십니다. 오늘은 또 쪽박 같은 내 인생의 능력으로 어떻게 살지 염려하지 말라고 하시고 오직 하나님의 나라를 구하라고 말씀하십니다(눅 12:29-32).

"이 모든 것은 세상 백성들이 구하는 것이라 너희 아버지께서는 이런 것이 너희에게 있어야 할 것을 아시느니라"(눅 12:30). 이 말씀을 보고 우리는 주님 앞에서 기도로 구할 때 이방인의 기도와 성령님의 인도함을 받는 하나님의 자녀의 기도가 차원이 다르다는 것을 알아야 합니다. 마치 고아와 아들의 차이와 같습니다.

그러니까 먼저는 "하늘에 계신 우리 아버지여 이름이 거룩히 여김을 받으시오며 나라가 임하시오며 뜻이 하늘에서 이루어진 것 같이 땅에서도 이루어지이다"(마 6:9-10)라는 말씀처럼 하나님의 나라가 임하실 때 뜻이 하늘에서 이루어진 것처럼 이 땅에서도 이루어질 것을 믿고, 그 뜻 안에서 내게 필요한 모든 것들을 주님이 공급해주실 것을 믿고 기도하라는 것입니다.

따라서 성령님의 인도함을 받는 자는 먼저 하나님의 나라를 구해야 합니다. 눈앞에 펼쳐진 다급한 현실을 구하는 것이 아닙니다. 성령으로 기도하는 사람들의 기도는 그 자체가 그의 나라를 구하는 것입니다.

성령님의 인도함을 받는 마지막 방법은 '믿음의 순종'입니다. 하나님의 말씀을 따라 분별이 되었고, 주님 앞에 기도하고 구했다면 이제 구한 것은 이미 받은 줄로 믿어야 합니다. 의심하는 자는 아예 받을 생각을 말아야 합니다. 두 마음을 품어 모든 일에 정함이 없는 사람이라고 야고보서에서 말씀했습니다(약 1:6-8).

진리를 따르는 믿음으로 기도했다면 이제 남은 것은 믿음으로 순종하는 일뿐입니다. 하나님의 뜻을 분별하고 내 안에 계시는 진리의 영을 의지하고 주님 앞에 기도했다면 이제 남은 것은 믿음으로 순종의 걸음을 걷는 것입니다. 진리를 선택하고 영을 따라 영의 일을 생각하고 순종할 때 성령님께서 가장 기뻐하십니다. 그럴 때 내 영혼을 지지해주십니다. "너무 잘했어. 와 멋지다! 너는 정말 내 자녀야. 내가 너와 함께할 거야. 네가 모르는 크고 은밀한 일까지 너에게 보여줄 거야. 그리고 승리하게 할 거야"라고 말씀하십니다.

그렇기 때문에 우리가 진리를 순종하는 믿음을 선택할 때 성령으로 충만하게 됨을 경험합니다. 순종의 순간마다 그것을 경험하게 되니까 순례의 길, 좁은 그 길도 밤낮 기쁘게 걸어갑니다. 오순절 성령 강림이 역사적 사건일 뿐만 아니라 내게도 사실임을 순간마다 경험합니다. 우리의 삶에 믿음의 역사, 사랑의 수고, 소망의 인내가 살아 역동할 때 내가 영으로 인도함을 받는 사람인 것을 만인이 알게 됩니다. 성령님의 인도함을 받는 삶의 길목마다 우리의 인격과 사역에 성령의 열매가 맺힙니다. 할렐루야! 주님이 하십니다.

오늘, 묵상 Devotion for Today

복음의 결론은 영으로 사는 삶입니다. 그래서 날마다 눈을 뜨면 주님의 말씀을 묵상함으로 말씀이 나의 하루를 인도하시도록 삶의 결정권을 내어드려야 합니다. 오늘도 내 영혼에 말씀하시는 성령님의 음성에 귀 기울이고 계십니까? 주님이 하신 그 말씀에 순종하기로 하셨습니까? 주님이 그러한 삶을 영원토록 지지하시며 기뻐하십니다.

날마다 생생한 복음 14

성령의 은사

예수 십자가의 핏값으로 사신 몸 된 교회가 역사 가운데 모습을
드러낸 것은 오순절 성령 강림 사건 이후입니다. 교회는 세상에
존재하는 어떤 국가나 종교 또 혈통이나 문화로 이루어진 공동
체와도 차원이 다른 공동체입니다. 성령께서 이끌어 가시며 성
도 한 사람 한 사람이 성령의 충만한 은혜로 살아가는 하늘 공동
체, 즉 성령 공동체였습니다. 이것이 참 교회의 원형이었던 초대
교회의 정체성입니다.

어떤 은사를 받고 싶으세요?

사람들이 현실적으로 많은 관심을 갖는 것은 성령 체험에 해당
하는 이야기와 성령의 은사입니다. 성령님에 대한 사모함이 생
기면 누구나 성령의 충만함을 누리며 신바람 나는 신앙생활을
하고 싶어 합니다. 결국 좋은 은사를 받기 원합니다. 그런데 성
령에 관한 오해는 은사에서 특별히 더 두드러지게 드러납니다.

사도행전 2장의 오순절 성령 강림은 성령 충만의 사건입니다.

나에게 생생한 복음

그 결과 3천 명이 회개하는 대부흥의 역사가 일어났습니다. 그런데 똑같은 성령이 충만하게 역사하신 또 다른 현장이 사도행전 7장에 소개됩니다. 바로 성령으로 충만한 스데반 집사가 최초로 순교한 사건입니다. 그런데 스데반이 받은 성령 충만의 결과로는 3천 명이 회개하고 돌아오는 것이 아니라 사람들이 달려들어 그를 돌로 치는 역사가 일어났습니다. 성령 충만은 동일한데도 말입니다. 만약 우리가 선택할 수 있다면 과연 어떤 성령 충만을 원하십니까?

보통 성령의 은사라고 하면 "각 사람에게 성령을 나타내심은 유익하게 하려 하심이라 어떤 사람에게는 성령으로 말미암아 지혜의 말씀을, 어떤 사람에게는 같은 성령을 따라 지식의 말씀을, 다른 사람에게는 같은 성령으로 믿음을, 어떤 사람에게는 한 성령으로 병 고치는 은사를, 어떤 사람에게는 능력 행함을, 어떤 사람에게는 예언함을, 어떤 사람에게는 영들 분별함을, 다른 사람에게는 각종 방언 말함을, 어떤 사람에게는 방언들 통역함을 주시나니"(고전 12:7-10)라는 말씀을 생각합니다.

그런데 은사가 이것만 있을까요? "우리에게 주신 은혜대로 받은 은사가 각각 다르니 혹 예언이면 믿음의 분수대로, 혹 섬기는 일이면 섬기는 일로, 혹 가르치는 자면 가르치는 일로, 혹 위로하는 자면 위로하는 일로, 구제하는 자는 성실함으로, 다스리

는 자는 부지런함으로, 긍휼을 베푸는 자는 즐거움으로 할 것이
니라"(롬 12:6-8). 이처럼 우리에게 정말 필요하지만 잘 드러나
지 않는 은사들도 있습니다.

　은사에는 이렇게 많은 종류가 있습니다. 그런데 사람들은 자
신이 이미 받은 은사가 무엇인지 모르거나 원하지 않은 은사라
면 주셔도 그것 때문에 너무 힘들다고 생각해서 은사라고 인정
하지 않는 경우가 대부분입니다. 여러분은 어떤 은사를 받고 싶
으신가요? 대부분 많이 드러나는 멋진 은사를 구하지 않을까
요? 그런데 특별하고 대단해 보이는 것들만 구하고, 우리의 욕
심대로 내버려두면 과연 무슨 일이 일어날까요?

은사를 주시는 목적과 원리

고린도는 이교적(異敎的)이고 음란한 도시였습니다. 그 한복판
에서 살아가던 사람들에게 복음과 함께 놀라운 성령의 능력이
나타나 역사하기 시작했습니다. 그러자 고린도교회 안에 성령
의 은사를 앞세워 시기하고 경쟁하고 반목하는 일들이 일어났
습니다. 어떤 은사가 크다거나 어떤 은사가 높다고 서로 나누고
무시하고 경쟁한 것입니다. 하늘 백성으로서 하늘의 선물까지
받았는데도 그들은 여전히 육적이고 세속적인 가치로 다투었습
니다.

하나님이 주신 은사를 거룩한 부르심을 따라 하나님의 뜻대로 잘 쓰기 위해서는 은사를 받고자 하는 열정보다 은사의 원리를 이해하는 것이 중요합니다. 그렇지 않으면 영적인 혼돈과 속임수에 넘어가 은사를 기대하지도 못하고 의기소침해서 성령의 충만한 은혜 없이 내 힘으로 살아갑니다. 쉽게 말해서 우리가 종교생활을 하게 되는 위기를 맞이합니다.

"은사는 여러 가지나 성령은 같고 직분은 여러 가지나 주는 같으며 또 사역은 여러 가지나 모든 것을 모든 사람 가운데서 이루시는 하나님은 같으니"(고전 12:4-6). 그렇습니다. 은사는 높고 낮다고 말할 수 있는 것이 아닙니다. 은사는 여러 가지이지만 그 은사를 주시는 성령님은 한 분이십니다. 직분과 사역이 여러 가지이지만 모든 사람 가운데 이루시는 분은 하나님 한 분이십니다. "각 사람에게 성령을 나타내심은 유익하게 하려 하심이라"(고전 12:7)라는 말씀처럼 은사는 철저하게 살아 계신 하나님의 뜻대로 공동체의 유익을 위하여 주신 것으로 우리의 영적인 만족이나 욕심을 채워주는 것이 아닙니다.

성령의 은사를 주시는 목적은 정확합니다. 성령 공동체인 교회의 유익을 위한 것이 아니라면 은사를 주시는 이유가 없습니다. "이 모든 일은 같은 한 성령이 행하사 그의 뜻대로 각 사람에게 나누어 주시는 것이니라"(고전 12:11). 이 말씀처럼 하나님의 뜻대로 각 사람에게 나누어주십니다. 내가 원하는 물건을 사듯이 내 욕심을 따라 받는 것이 아닙니다.

하나님이 주도하는 공동체

"다 사도이겠느냐 다 선지자이겠느냐 다 교사이겠느냐 다 능력을 행하는 자이겠느냐 다 병 고치는 은사를 가진 자이겠느냐 다 방언을 말하는 자이겠느냐 다 통역하는 자이겠느냐"(고전 12:29-30). 하나님은 공동체 안에 무엇이 필요한지 잘 아십니다. 그래서 각 사람의 위치와 역할과 능력을 따라 하나님의 뜻대로 부어주신다고 말씀하십니다. 교회 공동체 안에는 누군가 맡아야 할 역할들이 있습니다. 직임도 은사도 모든 것이 다 공동체가 세워져 가기 위해 반드시 필요한 역할들을 따라서 하나님이 가장 적합하게 주시는 것입니다.

그렇지 않으면 전부 다 가르치는 일만 하려고 하거나 마이크만 잡으려고 할 것입니다. 누가 궂은일을 하고 누가 보이지 않는 일을 하겠습니까? 누가 그것을 은사라고 여기겠습니까? 그런 일은 모두 원치 않습니다. 몸에서 손만 크면 어떻게 되겠습니까? 아무리 눈이 귀해도 온몸이 다 눈이면 어떻게 되겠습니까?

성령으로 운행되는 교회 공동체의 일은 인간의 재능이나 지혜, 세력으로 진행되는 것이 아닙니다. 만약 인간의 힘으로 한다면 그 결과는 뻔합니다. 시기, 질투, 경쟁, 자신을 주장하고 당짓는 일들을 할 수밖에 없습니다. 결국 성령으로 시작했다가 육체로 끝마치게 되는 것입니다.

그러니까 하나님의 교회가 건강하고 능력 있게 주님의 복음의 능력을 따라 하나님이 주도해 가시는 공동체가 되려면, 철저히 그리스도 예수를 머리로 삼고 주님이 우리에게 주시는 성령의 감동을 따라 말씀에 순종하고 서로 존경하고 주께 순복하기를 시작해야 합니다. 그럴 때 하나님이 그들을 통해서 건강한 공동체, 성령 공동체를 이루어서 부족함이 없도록 하십니다.

초대교회는 제도나 시스템 혹은 교단의 권력 구조를 만들어서 실력 있는 조직을 통해 꾸려가는 인간 집단이 아닙니다. 그런 것 하나 없이도 유기적 공동체로 일사불란하게 그리스도와 진리 안에서 한마음으로 순종하며 달려갔습니다. 세상이 그들을 아무리 흔들어도 흔들리지 않았습니다.

성령의 충만함을 의지하고 주님의 능력을 늘 간구하면서 거기에 순복하는 각 개인에게 가장 적합한 역할과 은사들을 맡겨 주셔서 주님의 교회가 하나님의 뜻대로 세상을 이기며 거룩한 공동체로 승리해 갈 수 있었던 것입니다.

우리가 구할 더 큰 은사는 사랑이다

"너희는 더욱 큰 은사를 사모하라 내가 또한 가장 좋은 길을 너희에게 보이리라"(고전 12:31). 하나님을 신뢰하는 일에 오해와 혼란을 겪은 고린도교회에 주신 말씀입니다. 하나님께 순종하는 너희에게 주시는 모든 은사를 하나님이 축복해주신다는 것을 믿으라는 것입니다. 가장 좋은 길을 보여준다고 하시는데 그것이 사랑의 은사입니다. 고린도전서 13장을 보면 하나님의 본질이자 목적에 해당하는 가장 큰 은사가 사랑이라는 것을 깨닫게 됩니다.

모든 은사를 은사답게 하고, 하나님의 거룩한 공동체로 세워져 가게 하고, 세상을 변화시키는 주님의 통로가 되게 하는 핵심이 사랑입니다. 성령께서 우리에게 하나님의 사랑을 은사로 부어주셨습니다. 예언도 사라지고 방언도 그치고 지식도 사라지지만 사랑은 언제까지나 없어지지 않습니다. 사랑이야말로 모든 은사를 하나 되게 합니다. 하나님을 사랑하고 이웃을 사랑하게 합니다. 손이면 손, 발이면 발, 눈이면 눈, 각자 부름 받은 위치에서 영으로 살아가는 성령 충만한 사람들이 놀라운 영광을 보게 되는 것입니다.

꼭 기억해야 합니다. 성령께서 우리에게 주시는 최고의 은사는 사랑의 은사이고, 이 사랑의 은사가 없다면 방언도 헛것이고 예언도 헛것이고 모든 지혜와 지식과 믿음, 큰 믿음도 다 헛것입니다. "주님, 나에게 충만하게 임해주세요. 하늘의 능력으로 나를 채워주세요"라고 구할 때 우리에게 주시는 최고 최대의 은사요 최고 최대의 능력과 축복이 사랑의 은사입니다.

"소망이 우리를 부끄럽게 하지 아니함은 우리에게 주신 성령으로 말미암아 하나님의 사랑이 우리 마음에 부은 바 됨이니"(롬 5:5). 주님 앞에 성령을 구하고 은사를 구할 때 주님이 우리를 사로잡으시고 충만하게 부어주시는 능력이 하나님의 사랑입니다. 하나님은 성령으로 우리 마음에 그분의 사랑을 부어주셨습니다. 이것이 우리에게 날마다 생생한 복음입니다. 할렐루야!

🌱 오늘, 묵상 Devotion for Today

오순절 성령 강림으로 인해 태어난 초대교회, 예루살렘교회는 성령 공동체로 세상을 변화시키는 강력한 교회로 세상에 드러났고 성령의 은사가 드러나 주님의 뜻을 이루며 공동체를 유익하게 하는 일들도 일어났습니다. 오늘 주님의 몸 된 교회를 섬기기 위해 여러분이 받은 은사는 무엇입니까?

든든히 서가는 교회

하루하루가 바뀌고, 밤낮이 오가는 사이에 계절이 바뀌고, 매번 상황이 흔들리는 삶을 살아가면서 사도행전, 혹은 성령행전이라고 하는 교회의 자취를 따라가보는 것은 참으로 놀랍고 신기한 일입니다. 왜냐하면 산다고 다 사는 게 아니고 똑같은 일을 해도 전혀 다릅니다. 내가 주인 되어 살아가고, 하나님 없이, 소망 없이 그저 주어지는 상황에 울고불고 두려움의 종으로 살아가던 우리의 삶이 이제는 주님 안에서 신분이 바뀌고 소속이 바뀌어 성령님을 따라 살아가는 개인의 삶, 공동체, 교회의 삶이 되었습니다. 그러니 흥미진진하지 않을 수 없는 것입니다.

흩어진 증인들, 두루 다니며 복음을 전하다

초대교회 안에 많은 문제가 일어났습니다. 많은 사람들이 공동체로 살다보니 아나니아와 삽비라의 사건도 생기고, 헬라파 과부와 히브리파 과부의 구제에 대한 문제와 다툼도 생겨났습니다. 이 땅에 살아가는 날 동안 수많은 어려움이 닥쳐와도 모든 상황 속에서 성령님이 그 걸음을 인도해주시고 무엇을 해야 할지, 어떻게 해야 할지 가르쳐주신다는 것이 놀랍습니다.

그런데 사도행전 7장에 스데반의 강력한 증거와 증언이 사람들의 심기를 건드려 위협감을 느낀 그들이 스데반을 돌로 쳐서 죽이는 사건이 일어났습니다. 이것이 도화선이 되어 서슬 퍼렇던 유대인들이 대대적으로 성도들을 핍박하기 시작합니다. 그래서 사도들 외에 모든 사람들이 뿔뿔이 흩어질 수밖에 없었고, 시작된 지 얼마 안 된 예루살렘교회도 박살이 났습니다. 사울은 교회를 없애려고 남자나 여자를 가리지 않고 잡아다가 감옥에 가두었습니다. 권력도 없고 동일한 하나님을 섬긴다는 유대교의 핍박이었기 때문에 그들은 고향에서 쫓겨나듯이 흩어져 내일이 보장되지 않는 절망에 빠졌습니다. 이쯤 되면 교회의 생존을 걱정해야 할 정도였고, 말할 수 없는 두려움과 슬픔이 그들의 목을 조를 만도 했을 것입니다.

그러나 흩어진 그들은 그들이 더 이상 두려움에 떠는 사람들이 아니라는 것을 보여줍니다. "그 흩어진 사람들이 두루 다니며 복음의 말씀을 전할새"(행 8:4). 현실은 냉혹합니다. 그들은 흩어졌고 그 후 우울증에 빠지거나 겁에 질려 변절하거나 넋을 잃은 패배자의 모습이 될 수도 있었을 것입니다. 그러나 성령이 그들 안에 오시고 복음과 예수 생명이 그들에게 실제가 되자 그들은 두루 다니며 복음을 전했습니다. 그들에게 찾아오신 성령님을 증거했습니다. 복음을 모른 채 비참한 운명으로 살아가는 영혼들에게 그들에게 있는 진정한 소망을 말하지 않고는 견딜 수 없었습니다. 예수님만 믿으면 되고, 그러면 성령님이 그들의 삶을 책임지고 이끌어주신다는 것을 삶으로 증거하는 선교사가 된 것입니다.

그중에서 빌립은 사마리아 성에 가서 복음을 전하기 시작했고 그곳에서 폭발적인 복음 전도가 일어납니다. 성령의 능력이 나타나고 표적과 기사가 나타나고 복음과 정반대의 삶을 살아가는 사마리아인들에게 복음을 외치니 주님 앞에 돌아오는 기적이 일어났습니다. 이렇게 흩어진 성도들이 가서 전하는 곳곳마다 복음의 역사가 일어나 복음의 전진이 일어난 것입니다.

멈추지 않고 전진하는 하나님나라

복음이 출발했던 예루살렘교회는 핍박으로 완전히 와해되어 전부 뿔뿔이 쫓겨나 세상의 그 어떤 도움도 받지 못했습니다. 오직 주님의 약속만이 남아 있었습니다. 그런데 그것으로 충분했습니다. "여호와는 나의 목자시니 내게 부족함이 없으리로다"(시 23:1)라는 다윗의 고백이 그들의 고백이 되었고 "내게 능력 주시는 자 안에서 내가 모든 것을 할 수 있느니라"(빌 4:13)라는 담대

나에게 생생한 복음

한 믿음의 사자후(獅子吼)가 성령을 받은 모든 성도들에 의해 외쳐집니다.

멈춰 선 것만 같고 모든 것이 끝장난 것 같은 바로 그 순간에도 하나님은 일하고 계셨습니다. 우리 눈에 보기에 모든 것이 무너져 있고 멈춰 있고 거꾸로 되돌아간 것만 같은 상황이지만 주님까지 멈춰 선 것은 아닙니다. 하나님의 교회가 핍박을 받고 흩어졌다고 주님의 나라가 깨진 것이 아닙니다. 더 놀라운 일이 벌어지고 있었습니다.

복음 안에 붙들린 그들은 한 가지 사실을 기억했습니다. 바로 "세상 끝 날까지 너희와 항상 함께 있으리라"(마 28:20)고 하신 주님의 약속입니다. 그들 안에 내주하신 성령의 감동을 따라 육이 주는 두려움과 근심과 세상의 탄식을 따라가지 않았습니다. 육을 좇지 않고 영을 따라 순종하는 작은 한 걸음이 하나님나라의 큰 역사가 되었습니다. 그들의 한숨 같은 기도가 하늘의 보좌를 흔드는 놀라운 환호성이 되는 기적이 일어났습니다.

그 안에 사도행전 8장에는 빌립을 통한 사마리아 전도, 빌립이 에티오피아 내시를 만나 그에게 복음을 전하고 세례를 베푼 사건, 사도행전 9장에서 살기등등하여 교회 잔멸에 앞장섰던 사울이 부활하신 주님을 만나 극렬한 박해자에서 가장 강력한 증인으로 변화되는 놀라운 역사도 펼쳐집니다.

"그리하여 온 유대와 갈릴리와 사마리아 교회가 평안하여 든 든히 서 가고 주를 경외함과 성령의 위로로 진행하여 수가 더 많 아지니라"(행 9:31). 이 말씀은 교회 안에서는 유대든 갈릴리든 사마리아든 차이가 없다는 것입니다. 계층이 무너지고 인종이 무너지고 모든 문화의 벽이 무너지는 일들이 교회라는 공동체 안에서 일어난 것입니다.

땅 끝까지 뻗어나가는 복음

이방인 백부장 고넬료가 회심하는 사건은 예루살렘과 유대 안 에서만 복음이 전해지는 것이 아니라, 온 열방 땅 끝 모든 민족 에게 전해질 것을 준비하기 위함이었습니다. 그래서 주님은 고 넬료라는 이방인을 회심하게 해주십니다.

그것이 결국 유대적 배경을 가지고 있던 예루살렘교회의 생 각과 안목을 깨뜨리고 유대인의 편견을 넘어 온 세상 열방의 주 인이신 아버지의 복음을 깨닫게 되는 놀라운 계기가 되어 드디 어 최초의 이방인 교회, 안디옥교회가 탄생합니다.

그 교회는 성직자들이나 사도들, 선지자들이 말씀을 전한 것 이 아니라 환난을 당해서 흩어져 간 성도들, 요즘 흔한 말로 평 신도들이 성령의 인도함을 받아서 자기들 안에 일어나는 일, 복 음이 실제가 되고 나 죽고 예수 사는 생명의 복음으로 변화된 삶을 증거합니다. 그러자 이방인들이 회개하고 돌아오기 시작하여 이방 교회의 모체(母體)라고 할 수 있는 안디옥교회가 생겨납니다.

이 안디옥교회를 통해서 복음이 온 세계로 힘 있게 뻗어나갑니다. 복음과 성령 공동체라는 똑같은 DNA를 가진 교회, 율법적인 배경을 가졌던 예루살렘교회뿐만이 아니라 율법적 배경이 전혀 없는 이방인들이 변화되었습니다. 이방인이 어떻게 하나님을 알고, 유대인도 믿지 못하던 예수님을 어떻게 받아들였는지, 이방인들 한복판에 하늘나라 백성이 세워지는 놀라운 기적을 보여준 것입니다.

세상 한복판으로 전진하라

성령님이 오시면 복음이 땅 끝까지 뻗어나갈 것이라고 말씀하신 것처럼 교회 내부의 문제든 교회를 둘러싸고 있는 세상의 문제든 어떤 상황에서도 복음은 폭발적으로 뻗어나갔습니다. 인간의 수단, 인간의 지식, 경험, 통박, 시스템이 아니라 오직 성령께서 그들을 완전히 변화시키고 성령의 진리를 따라 만나는 일마다 지혜를 주시고 마땅히 행할 바를 알게 하시고 하나님나라가 어떻게 세상 한복판에서 전진해 가는지를 생생히 보여주셨습니다.

예루살렘교회가 복음의 열매를 맺고 성령 공동체가 이 땅에 태어나게 하는 요람과 같은 역할을 했다면, 이제는 성령에 의하여 살아가는 개인과 교회 공동체가 "오직 성령이 너희에게 임하시면 너희가 권능을 받고 예루살렘과 온 유대와 사마리아와 땅 끝까지 이르러 내 증인이 되리라 하시니라"(행 1:8)라고 하신 말씀대로 온 세상에 검증된 복음을 생생히 보여주었습니다.

역사는 주님의 손안에 있습니다. 성령께서 친히 이 땅에 하나님나라의 권세를 부여하신 교회가 오직 성령의 충만함을 받고 성령에 이끌리는 생명 공동체로 믿음에서 믿음으로 순종만 한다면 그 순종 자체가 하나님의 역사가 되고 하나님의 나라가 되는 기적을 보여주실 것입니다.

멈춰서고 망하는 것 같은 때, 지금 우리는 그런 두려움에 휩싸여 있습니다. 코로나 사태가 오랜 시간 끝나지 않고 있습니다. 70년 한국 사회가 맞이해보지 않은 대격변이 일어나고 있습니다. 그 한복판에서 흔들리는 교회의 위상, 우리의 유약하기 짝이 없는 모습에 두려움과 무력감도 느끼고 있습니다.

그래서 주님은 우리가 다시 한번 정신을 차리도록 일깨워주십니다. 우리는 실패한 게 아닙니다. 하나님나라는 멈춰 선 것이 아닙니다. 이때야말로 하나님나라가 더 위대하고 강하게 전진하고 있습니다. 하나님께 부름 받은 성령의 사람들이여, 하늘나라의 백성들이여, 오늘도 힘차게 일어나 날마다 생생한 복음으로 전진합시다.

 오늘, 묵상 Devotion for Today

코로나19로 인해 모든 것이 멈춘 것 같고, 수많은 예배 처소가 문을 닫는 이때가 주님의 은혜로 말미암아 주님의 나라가 전진하는 때임을 믿음으로 선포해야 합니다. 여러분은 오늘 성령의 임재하심 가운데에서 어떤 교회로 서 계시고 있습니까?

내 진정 사모하는 예수님

우리 구주 예수님은 참 아름다우신 주님이십니다. 성령님이 오시고 나서 우리는 귀로 듣고 알던 예수님이 내 삶의 호흡이 되시고 내 심장의 고동처럼 나를 살아가게 하시는 힘이 되어주시는 것을 경험합니다. 내 눈이 보고 빛을 얻은 것처럼 주님은 막막하고 답답하고 안개 속을 거니는 것 같은 내 인생에 너무도 분명한 소망의 빛이 되어주십니다. 나 혼자 버려진 것 같고 이 길을 홀로 걸어가는 것 같은 내 삶의 여정도 이제는 결코 혼자가 아니며, 생명까지 내어주시는 순애보의 사랑으로 영원히 함께하시고, 성령으로 약속을 이루어주시고, 오늘도 함께해주시는 주님을 찬양합니다.

제가 주님의 사랑에 흠뻑 잠겨서 주님께 순종하며 걸어가던 그때 라디오에서 들었던 한 미담이 문득 생각났습니다. 이야기의 내용은 한국에서 평생을 선교사로 보내시고, 특히 한국전쟁이라는 혼란스럽고 끔찍했던 비극의 순간에 피난민들과 함께하고 또 복음을 전하며 우리나라를 섬겨주셨던 영적인 아버지 같은 미국인 선교사님의 이야기입니다. 선교사님이 노쇠하여 사역을 마치고 미국으로 돌아가셨는데, 고향과 같은 한국을 생각할 때마다 마음에 남아 지워지지 않던 한 사건의 사연이 라디오에 소개된 적이 있었습니다.

동사한 자매의 품 안에 있던 갓난아기

전쟁통에 피난민들이 모여 사는 곳, 수많은 피난민을 돌보느라고 정말 바빴던 그해 겨울은 유독 추웠습니다. 선교사님이 돌보던 많은 사람들 중에 아주 젊은 새댁도 있었습니다. 남편은 전쟁터에 나갔는지 만삭의 몸으로 혼자 지내고 있는 자매에게 누구보다 도움의 손길이 필요했습니다.

어려운 가운데 복음을 받아들이고 선교사님의 도움으로 근근이 생활하던 자매의 해산날이 점점 다가왔습니다. 선교사님도 자매의 해산을 돕기 위해 벼르고 별렀지만 너무 바빠 시간을 내지 못하다가 결국 크리스마스이브 날이 되었습니다. 가장 바쁜 날이었지만 자매의 해산이 오늘일지 내일일지 모르는 긴박한 상황에서 선교사님은 마음이 불안해졌고, 선교사님 내외는 해산에 필요한 물품을 준비하여 길을 나섰습니다.

자매에게 가기 위해 지프차로 다리를 지나가는데 차가 고장이 나서 시동이 꺼졌습니다. 시간에 쫓긴 선교사님은 직접 차를

고쳐보고자 차에서 내렸습니다. 그런데 다리 밑으로 서릿발처럼 얼어붙은 그곳에 유혈이 낭자한 것이 보였습니다. 급히 내려가보니 만나러 가던 그 자매가 옷을 벗은 채 쓰러져 있었습니다. 안타깝게도 때는 이미 늦고 말았습니다. 선교사님은 큰 충격을 받았습니다. '어째서 이런 곳에서 이 추위에 옷을 벗은 채 쓰러져 있었을까?' 그런데 동사(凍死)한 자매의 품 안에 둘둘 말린 누더기옷이 있었고 조심스레 그 안을 열어보니 갓 태어난 핏덩이가 뉘어 있었습니다.

엄마, 얼마나 추우셨나요?

초산인 자매가 얼마나 두려웠겠습니까. 도움의 손길 없이 진통은 찾아오자 선교사님에게 도움을 구하려고 오던 길에 그만 길에서 해산하게 된 것입니다. 그래도 벌판에서 아이를 낳을 수는 없어서 다리 밑으로 기어 내려가 간신히 아이를 낳았지만, 그 살벌했던 동란 중에 해가 저물고 인적이 끊긴 곳에서 갓난아이마저 죽게 내버려둘 수 없어 자신이 입고 있던 누더기 같은 옷을 벗어 핏덩이를 싸맨 것입니다.

　결국 도움의 손길을 만나지 못한 채 혹독한 밤이 지나는 동안 자매는 안타깝게도 운명하고 만 것입니다. 모진 추위 속에 아이를 두고 떠나는 엄마의 간절한 사랑의 열기가 닿았는지 누더기

나에게 생생한 복음

옷 속의 아기는 기적같이 살아 있었습니다. 선교사님은 그 자매를 양지바른 곳에 묻어주었고, 자매가 못 다한 사랑을 대신하겠다고 다짐하고 그 아이를 양자로 삼아 양육했습니다.

시간이 흘러서 세상 그 누구보다 좋은 선교사 엄마 아빠의 사랑을 듬뿍 받으며 아이는 무럭무럭 자랐습니다. 아이가 자라 이제 이 아이도 자기가 엄마 아빠의 친아들이 아니라는 것을 알게 됩니다. 부모님은 서양인인데 자기는 한국 아이니까 모를 수 없었습니다. 그러나 지극한 양부모님의 사랑은 아이에게 조금도 부족하지 않았습니다.

그런데 열두 살 생일 날 파티를 하려고 온 가족이 모여 앉은 자리에서 아이가 이렇게 입을 열었습니다. "엄마, 아빠. 나에게는 엄마 아빠보다 더 좋은 분은 없어요. 나를 가장 사랑해주시는 분은 우리 엄마 아빠밖에 없지요. 그런데 혹시 저를 낳아준 엄마는 어떻게 되셨는지 물어봐도 될까요?"

더 이상 숨길 이유도 없고 숨겨서도 안 되는 이야기, 선교사님은 12년 전, 너무 아름다운 그러나 너무 아픈 젊은 엄마의 이야기를 아이에게 들려주었습니다. 이야기를 듣던 아이가 고개를 떨구었고 이어서 눈물을 뚝뚝 흘렸습니다. 그다음 날 성탄예배를 드리고 나서 아이가 이렇게 말했습니다. "저 한 가지 소원이 있는데요. 혹시 절 낳아준 엄마의 무덤에 한 번 가볼 수 있을까요?" 칼바람이 부는 몹시 추운 그 날, 12년 만에 처음으로 아이와 함께 초라한 무덤을 찾았습니다.

　한 번도 본 적 없고 한 번도 안겨보지 못한 엄마의 품이었지만, 열두 살 소년의 마음에 엄마의 사랑이 가슴 저리게 느껴졌습니다. 한참 고개를 숙이고 흐느껴 울던 아이가 무슨 생각을 했는지 자기 옷을 벗기 시작했습니다. 외투를 벗더니 마치 엄마에게 덮어주듯이 정성스레 엄마의 무덤에 덮었습니다. 작은 아이의 옷으로는 무덤을 다 덮을 수가 없어서 바지도 벗었고 그래도 빈틈이 있자 다른 옷들을 더 벗기 시작합니다. 그리고 마치 찬바람이 들어가지 않도록 엄마 품에 뛰어들 듯이 그 무덤 앞에 엎드려 소리를 내어 울기 시작했습니다.

　"엄마, 12년 전 그날 나를 살리려고 얼마나 추우셨습니까."

예수님, 얼마나 아프셨나요?

세월이 흐르고 모든 것이 다 바뀌어도 변하지 않는 것이 있습니다. 사랑은 영원하다는 것입니다. 저에게도 이 사연을 들었던 날의 감동이 살아납니다. 십자가에서 고통당하시는 예수님의 모습이 보입니다. "예수님, 얼마나 아프셨어요?" 아버지에게 버림받던 그 날, 갈보리 언덕 위 십자가에 매달린 그 날, 나 하나 살리려고 주님이 당신의 생명을 내어주신 그 날, 하늘로 승천하시며 혼자 두면 외롭고 두렵고 연약해서 살아갈 수 없는 줄 아시고 이렇게 말씀하십니다.

"세상 끝 날까지 내가 너와 항상 함께 있을 거다. 그러니 아무 걱정하지 마. 보혜사 성령님이 네 안에 오시고, 네 영혼을 지으신 하나님께서 예수 생명의 성령이 되셔서 네 안에 오셔서 네 심장이 뛰는 한, 네가 살아 숨쉬는 한, 아니 그것이 멈춘 뒤에도 너희와 영원히 함께 있겠다." 주님은 지금도 그 약속을 그대로 이루어주셨습니다.

성령님과 함께 사는 하나님의 사람, 복음의 사람들에게는 날마다 이런 감동이 있습니다. 그냥 지나칠 수 없습니다. 슬픔이나 기쁨이나 근심이나 시험이나 도전이나 두려움이나 모든 것이 우리 주님의 생생한 사랑을 경험할 수 있는 하나님의 최고의 선물입니다.

오늘도 놀라운 사랑의 주님과 동행하시는 사랑하는 형제자매님들, 우리가 어디에 있든지 어떤 상황에 있든지 기억하세요. 주님은 절대 우리를 버리지 않으십니다. 주님은 그 누구도 우리에게 손댈 수 없도록 높은 산성, 나의 방패가 되어주십니다. 나보다 더 나를 사랑하시는 주님이 우리와 함께하시기 때문에 우리는 아무 걱정이 없습니다. 주님이면 충분합니다.

여러분의 삶은 어떠한 문제 앞에 놓여 있습니까? 그 일이 내가 보기에 큰 일이든 작은 일이든 상관없이 주님께 구해야 합니다. 그 기도를 통해 하나님 아버지의 사랑을 경험하고 깨달아야 합니다. 여러분은 그 사랑을 매일매일 경험하고 계십니까?

고정관념이 깨어지는 일련의 사건들

"또 두 번째 소리가 있으되 하나님께서 깨끗하게 하신 것을 네가 속되다 하지 말라 하더라"(행 10:15). 사람이 살아가면서 우리 자신을 넘어서는 일이 참 쉽지 않다는 것을 알게 됩니다. 우리 안에 익숙한 고정관념, 새로운 것을 기대할 수 없을 만큼 그 틀을 벗어나지 못하는 한계를 볼 때가 많습니다. 그만큼 평생을 살아오면서 자기 자신을 형성해온 고정관념이 깨지는 일은 가히 혁명이라고 말할 수 있을 것입니다. 그렇기 때문에 하나님의 영적인 차원의 일을 우리의 육적인 틀 안에 억지로 집어넣으려 하는 일, 생명의 복음을 세상적이고 인간적인 틀에 꿰어맞추려고 하다보면 결국 낙담하고 실족하게 되는 일들이 생기는 것입니다.

예수님까지 거부한 유대인의 고정관념

성령 공동체인 하나님의 교회가 세상에 나타난 이후, 이 새로운 공동체가 맞닥뜨리게 된 변화의 상황은 그들이 가진 고정된 틀이 바뀌어야 하는 것이었습니다. 그들이 넘기 어려웠던 벽은 복음의 통로가 되었던 선민(選民) 이스라엘, 유대인에게만 구원이 있다는 생각이었습니다.

그들이 이런 고정적인 틀을 가지게 된 것은, 하나님께서 영이 망가지고 고집으로 똘똘 뭉친 인생들에게 차원이 다른 하늘의 복음을 전하시기 위해 오랜 시간과 수많은 사건들을 통해 복음을 계시해오셨기 때문입니다. 그들에게는 하나님의 약속과 율법과 성전이 있었습니다. 이스라엘은 다른 이방인과는 완전히 구별되었고, 따라서 그들의 오랜 역사와 전통과 정체감에는 그들이 하나님의 선민이라는 확고한 틀이 있었습니다. 유대인 외에 이방인이 구원을 받는 일은 있을 수 없다고 생각하는 한계가 생겼습니다.

심지어 그들은 자신들의 틀에 맞지 않는다는 이유로, 말씀이 육신이 되어 오신 주님을 죽이기까지 하였습니다. 그러나 우리 주님은 십자가와 부활로 구속 사역을 완성하셨고 교회라는 성령 공동체를 만드셨습니다. 율법과 의식(儀式) 공동체였던 외적 이스라엘이 이제 진정으로 내면적인 참 이스라엘, 하나님의 백성으로 이 땅에 그 모습을 드러냅니다.

그런데도 성령 강림의 주역인 사도들마저 여전히 유대적 사고에서 벗어날 수 없었습니다. 그러나 주님은 일찍이 이 사실을 말씀하셨고, 공생애를 통해서 보여주셨습니다. 가장 대표적인 예가 로마군 백부장과 이방인 수로보니게 여인 사건입니다.

주님은 백부장이 보여준 믿음이 얼마나 대단한지 "이스라엘 중에서도 이만한 믿음은 만나보지 못하였다"(눅 7:9)라고 말씀하시며 이방인에게 구원이 있음을 보여주셨습니다. 수로보니게 여인에게도 "네 믿음이 크도다"(마 15:28)라고 유대인도 들어보지 못한 말씀을 해주시며, 살아 계신 하나님을 믿는 일이 종족을 넘어서는 일임을 이미 다 보이셨습니다. 무엇보다 "오직 성령이 너희에게 임하시면 너희가 권능을 받고 예루살렘과 온 유대와 사마리아와 땅 끝까지 이르러 내 증인이 되리라"(행 1:8)라고 하신 것처럼 이미 복음은 열방용이며, 유대인을 넘어 이방인 모두에게 구원을 주시는 하나님의 복음이 될 것이라고 말씀하셨습니다.

고넬료 사건이 갖는 의미

하지만 그들은 여전히 고정관념을 버리지 못했습니다. 그런 사도들의 중심에 있던 베드로가 특별한 사건을 경험하는데 바로 사도행전 10장에 나오는 고넬료 사건입니다.

로마 군대의 백부장인 고넬료는 유대인들에게서도 찾아보기 힘들 만큼 경건하여 온 집안이 하나님을 경외하며 백성을 많이 구제하고 하나님께 항상 기도하는(행 10:2) 보기 드문 이방인이었습니다. 그런데 하나님께서 기도하는 고넬료에게 천사를 보내셔서 "네 기도와 구제가 하나님 앞에 상달되어 기억하신다"라는 충격적인 말씀을 전합니다. 그리고 "지금 욥바에 사람들을 보내어 베드로를 청하라"라는 초자연적이고 항거할 수 없는 말씀을 하십니다. 고넬료는 이 말씀을 듣고 하인 둘과 부하 하나를 불러 그들을 베드로가 머물고 있다는 욥바로 보냈습니다.

이튿날 그들이 욥바 근처에 이르렀을 무렵 베드로가 육 시에 하나님께 기도를 드리고 있었는데, 주님이 베드로에게 특이한 환상을 세 차례나 보여주십니다. 율법적인 사고가 몸에 배어 있는 베드로 앞에 하늘에서 큰 보자기 같은 그릇이 내려오는데, 그 안에는 온갖 부정한 짐승들이 들어 있었고, 그것을 잡아먹으라는 음성이 들린 것입니다. 그렇지만 그것은 베드로에게 있을 수 없는 일이었습니다. 그는 "속되고 부정한 것은 한 번도 먹은 일이 없습니다"라고 말했습니다. 그런데 "하나님이 깨끗하게 하신 것을 속되다 하지 말라"는 두 번째 음성이 다시 들려왔습니다.

이런 일이 세 번 있은 뒤에 그 그릇은 하늘로 올려졌습니다. 앞뒤가 맞지 않는 이상한 일들, 자신의 고정관념을 깨는 이 환상에 대해 고민하고 있을 때 성령이 베드로에게 말씀하셨습니다. "두 사람이 너를 찾으니 일어나 내려가 의심하지 말고 함께 가

나에게 생생한 복음

라 내가 그들을 보내었느니라"(행 10:19-20). 그리고 마침 고넬료가 보낸 사람들을 만나 백부장 고넬료의 초청에 응하여 이튿날 그들과 함께 가이사랴에 들어갑니다.

유대인이며 초대교회의 지도자인 베드로의 행동 하나하나는 파급력이 대단히 큽니다. 그렇지 않아도 예수의 십자가와 부활을 전하는 베드로와 사도들의 존재는 유대인들에게 배척의 대상입니다. 그러니 전통적이고 열심 있는 종교적 유대인들의 관점에서 베드로가 이방인의 집에 들어가 이방인과 교제한다는 것은 아주아주 충격적인 이야기가 되는 것입니다. 그것이 빌미가 되면 정말 위험천만해질 것입니다.

그러나 베드로는 강권적인 하나님의 지시하심을 확신하고 가이사랴로 갔습니다. 고넬료는 이미 친척과 가까운 친구들을 모아 베드로를 기다리고 있었습니다. 베드로가 고넬료에게 "무슨 일로 나를 불렀습니까?"라고 묻자 고넬료가 자기에게 일어났던 일들을 이야기했고, "당신이 우리에게 와주셨으니, 이제 우리는 주님께서 당신에게 명하신 모든 말씀을 듣고자 이렇게 다 같이 모여 있습니다"라고 말합니다(행 10:30-33).

베드로가 비로소 깨달은 것

그러자 베드로가 "내가 참으로 하나님은 사람의 외모를 보지 아니하시고 각 나라 중 하나님을 경외하며 의를 행하는 사람은 다 받으시는 줄 깨달았도다"(행 10:34-35)라고 입을 열어 말하기 시작합니다. 이것은 정말 엄청난 이야기입니다. 베드로가 자신의 고정관념으로는 도저히 넘어설 수 없는 충격적이고 파격적인 일을 깨달은 것입니다. "이방인도 똑같이 복음을 받았다", "하나님께서 이방인에게도 만유의 주 되신 예수 그리스도로 말미암아 화평의 복음을 전해주셨다", "이스라엘 자손에게만 주는 줄 알았던 이 복음이 이방인들에게 똑같이 차별 없이 주어졌다", "바로 하나님께서 그렇게 하셨다"는 것을 베드로가 비로소 깨달은 것입니다.

또한 베드로는 일련의 일들도 기억이 났을 것입니다. 공생애 기간에 예수께서 이방인들의 믿음을 칭찬하시며 이들에게도 구원이 이르렀다고 말씀하신 사건들이 기억이 나고, "땅 끝까지 이르러 내 증인이 되리라"고 하신 주님의 약속도 기억이 나고, 하나님께서는 분명히 교회를 지켜주실 수 있는 능력이 있는데도, 예루살렘교회에 큰 핍박이 있어 믿는 사람들이 유대와 사마리아 모든 땅으로 전부 흩어졌던 상황들, 그렇게 흩어진 사람들이 두루 다니며 복음의 말씀을 전했고, 빌립이 이방인과 동일하게 여겼던 사마리아 성으로 가서 복음을 전하자 성령께서 강력히 역사하심으로 표적과 큰 능력이 나타난 사건, 결정적으로 주

나에게 생생한 복음

님이 직접 베드로와 고넬료를 만나게 하셨다는 것을 말입니다.

　그리고 베드로는 그 자리에서 똑같은 메시지를 전했습니다. 십자가와 부활의 주님, 그를 믿는 사람들이 다 예수 그리스도의 이름을 힘입어 죄사함을 받는다고 전한 것입니다. 그러자 이방인 고넬료의 가정에, 하나님의 동일한 성령이 말씀을 듣는 모든 사람에게 내려오셨습니다. 자신들이 오순절 날 경험했던 것과 같이 각 사람에게 성령이 충만하게 임하시는 것을 보고 베드로와 함께 온 할례 받은 신자들도 놀랍니다. 베드로는 그들에게 예수 그리스도의 이름으로 세례를 받게 하였고, 그들은 베드로에게 며칠 더 머물러달라고 간청하였습니다.

결정적인 순간, 폭발적인 변화의 사건

여러분, 우리는 무지몽매하고 그저 독 안에 든 쥐처럼 내가 보는 것이 다고, 내가 듣고 배우고 경험한 것이 전부라고 생각합니다. 게다가 우리는 고집까지 있습니다. 무언가 특별한 권위라도 있다면 그가 가진 틀로는 하나님의 수준, 하나님나라의 일을 도저히 받아낼 수 없습니다.

　그런 우리에게 하나님께서 베푸신 이 놀라운 기적의 사건은 복음 역사에서 굉장히 중요한 의미를 갖습니다. 유대인에게 한정되어 있던 복음이 과도기를 지나 이제는 온 열방을 향해 주시는 '하나님의 복음'으로, 드디어 세상을 향해 폭발적으로 터져 나가는 길목에서 그 통로가 되었던 고넬료 사건은 예루살렘교회의 지도자들, 성도들의 심령 안에 있는 유대적 사고의 틀을 깨는 결정적인 사건이 되었습니다. 그리하여 주님이 새로운 시대에 걸맞은 변화된 예루살렘교회, 드디어 유대적 틀을 넘어 복음의 본질을 여과 없이 흘려보내는 생명의 통로, 생명의 성령의 공동체가 되게 하시는 것입니다.

우리도 우리 인생에서 일련의 사건들을 주목해볼 필요가 있습니다. 베드로가 이제야 깨달았다고 한 그 폭발적인 변화, 우리의 삶에 놀라운 변화를 가져온 일련의 사건들이 있습니까? 어느 순간 깨닫게 되어 내 중심에 있던 고정관념, 육의 한계가 터져 나가고, 하나님 수준의 거룩한 복음과 천국의 영광을 받아들이게 된 사건, 우리의 사고의 틀, 고정관념이 깨어지는 결정적인 순간에 우리에게 하나님의 은혜가 나타납니다.

수많은 시간을 지내면서도 실제가 되지 않았던 복음이 어떻게 갑자기 내게 실제가 되는 변화가 일어났을까요? 하나님께서는 일찍이 일련의 사건들을 준비해오신 것입니다. 그것이 깨달아지도록 모든 것이 엮어져서 하나로 매치되는 순간, 나의 껍질이 터져 나가고 그 안에 담겨 있던 하나님의 놀랍고 아름다운 역사가 드디어 꽃을 피워 일어나는 것입니다.

나에게 생생한 복음

우리는 하나님의 말씀 앞에 우리의 관점, 우리의 사고를 변화시켜야 합니다. 참 무서운 우리의 고정관념, 우리의 한계와 틀을 주님 앞에 기꺼이 깨트려야 합니다. 주님을 믿는다는 것은 하나님이 말씀하시면 내가 가진 고정관념을 모두 내려놓고, 하나님의 말씀을 있는 그대로 듣는 것입니다. 믿고 순종하는 것입니다. 우리의 고정관념을 깨고 새 술은 새 부대에 넣어야 한다고 말씀하신 주님, 우리의 한계를 뛰어넘는 하나님 수준의 일 행하심을 기대합니다.

🌿 오늘, 묵상 Devotion for Today

혹시 '복음으로도 불가능해'라고 생각하는 대상이나 영역이 있습니까? 그렇게 생각하고 단정하는 '나'라는 존재가 얼마나 복음을 제한하고 차별하고 있는지 복음의 빛 앞에 비춰보며 제한이 없고, 한계가 없고, 차별이 없는 완전한 복음을 받을 수 있도록 기도하시겠습니까? 전능하신 주님의 손에 기도로 내어 드리시겠습니까?

내일이 아니라 오늘 순종하세요

"오직 오늘이라 일컫는 동안에 매일 피차 권면하여 너희 중에 누구든지 죄의 유혹으로 완고하게 되지 않도록 하라"(히 3:13). 우리는 이 말씀을 통해 역사 속에 처음 등장한 성령의 성령 공동체인 초대교회의 특징이 즉각적인 순종이었다는 것을 깨달을 수 있습니다. 그런데 이와 반대로 인생을 살아가면서 아주 위험하고 무서운 미혹의 말이 있는데, 바로 "내일 할게요", "내일이 있잖아요"입니다. 우리가 "내일", "내일" 하면서 순종을 유보하고, 오늘 순종하지 못하면서 "내일 할게요", "내일 하면 되잖아요"라는 말로 위안을 삼는 것은 분명히 미혹입니다.

시한부 선고

제가 아는 권사님의 간곡한 부탁이 있어서 그 분을 만났을 때 권사님은 매우 수척해진 모습이었습니다. 그리고 젊은 나이에 소천한 조카딸에 관한 이야기를 들려주셨습니다.

그 자매는 모든 것이 잘 갖추어진 기독교 집안에서 아주 반듯

하게 자란 모범생이었습니다. 워낙 성실해서 교회, 학교, 집밖에 몰랐고 방황 한번 해보지 않고 자매는 교회에서도 집에서도 많은 사랑을 받았습니다. 헌금생활, 기도생활을 포함해서 교회생활도 흠잡을 데가 없었습니다. 은행원으로 직장생활을 시작했는데 그 뒤로 결혼하지 않고 직장생활을 성실히 오래했기 때문에 꽤 높은 지위까지 올라갔습니다. 돈 쓸 일이 별로 없어서 월급을 모아 착실히 재테크를 하며 살았습니다.

그런데 우리나라에 은행 구조조정 바람이 불 때 해직되면서 삶의 한 축이 크게 무너지는 일을 겪었습니다. 잘 짜인 삶을 성실하고 즐겁게 살아왔기 때문에 충격이 예사롭지 않았는지, 자매는 시름시름 병을 앓게 되었고 병원 진단 결과 충격적인 선고를 받게 되었습니다. 현대 의학으로는 고칠 수 없는 불치병이자 길어야 몇 개월밖에 살지 못한다는 시한부 판정을 받은 것입니다.

청천벽력 같은 소식을 듣고 달려온 성도들이 그래도 믿음이 있는 자매를 위해 기도하며 격려해주었습니다. 많은 분들의 사랑을 받은 모범적인 자매인지라 발길이 끊이지 않는데도 자매는 이상하게 그 위로를 잘 받지 못하고 어려워했습니다.

내일 할게요!
믿음이 좋은 권사님이 같이 기도하는 여러 권사님들과 함께 방문하여 기도해주는데도 어려워하자 '아니, 하나님도 없고 천국도 없는 사람이 아닌데, 우리에게 소망이 있고 믿음이 있는데, 왜 믿을 데 없는 사람처럼 반응을 하나?' 실망하기도 했습니다. 무엇이 문제인가 싶어 이렇게 권면했다고 합니다.

"애야, 너 한번 자신을 돌아봐. 네가 지금 낙심하고 있을 때가 아니야. 그동안 다른 사람들로부터는 많은 칭찬은 받았는지 모르지만 하나님 앞에서는 아닐 수도 있으니 너 자신의 영적 상태를 돌아보고 바르게 돌이켰으면 좋겠다."

그 후 어떤 변화가 있는지, 영적으로 깊이 하나님 앞에 나아가는지 기대하고 찾아가도 그런 모습이 보이지 않자 권사님은 평소 조카딸에 대해 약간 염려스러웠던 부분을 짚었습니다. 그것은 다름이 아닌 직장생활을 하며 번 돈으로 재테크를 해서 꽤 많은 돈을 모았다는 것입니다. 권사님은 그 부분이 계속 마음에 걸렸던 것입니다.

돈을 모았다는 것이 문제가 아니라 그 돈에 마음이 묻어 있으니까 그 부분을 어렵게 짚었습니다. "너, 아무래도 주님보다 더 깊게 네 마음을 쏟고 있는 것이 마음에 걸린다. 너는 그런 생각을 안 했겠지만, 만약에 그렇다면 그건 주님 앞에 합당치 않은 일이야. 한번 정직하게 너 자신을 돌아봐. 네가 그렇게 꼬박꼬박 모으고 늘리는 재미에 마음을 쏟았던 네 재산 말이야." 아주 콕

나에게 생생한 복음

찔러서 이야기하자 아니나 다를까 정말 움찔하는 것입니다. 그 자매도 마음에 걸렸던 것입니다.

권사님은 이어서 "너 절대 두 주인을 섬길 수는 없어. 너도 모르는 사이에 그럴 수도 있었겠지만, 주님과 돈을 같이 섬길 수는 없어. 네 마음이 거기에 너무 집중되어 있고 매여 있는 것 같아. 어차피 생명은 주님 손에 있는 거니까 이번 기회에 네게 있는 모든 마음을 주님 앞에 바쳐! 드려! 네가 가진 모든 것의 주인이 주님이시라는 것을 이런 때에 더욱 확증해야 하지 않겠니?"라고 직격탄을 날렸습니다. 그러자 자매는 마음에 큰 부담과 어려움으로 심각한 고민에 빠지게 되었습니다.

권사님은 시간을 주고 이튿날 다시 찾아갔습니다. 그러나 여전히 순종하지 못하는 모습을 보이며 정말 염려한 대로 두 주인을 섬기고 있었다는 것이 드러나자 권사님은 단호하게 "네가 지금까지 주님을 어떻게 알았느냐? 너의 이 태도가 합당하냐?"고 야단치며 당장 결단하라고 재촉하셨습니다. 왜냐하면 그 자매가 많이 위중한 상태이기에 한시가 급했기 때문입니다.

그러나 참 성실하고 그렇게 예의 바르던 자매가 재촉하는 권사님을 견디지 못하고 갑자기 눈을 부릅뜨며 반항하면서 툭 내뱉는 말이 "내일이 있잖아요! 내일이 있잖아요!"였습니다. 정말 있을 수 없는 태도였습니다. 그러나 그 자매는 자신이 말한 내일을 맞이하지 못한 채 그날 밤 죽고 말았습니다. 그 충격이 얼마나 컸는지 조카딸의 장례 이후에 이것을 어떻게 받아들여야 할지 모르겠다고 우시던 모습이 아직도 선명하게 남아 있습니다.

유보된 순종은 순종이 아니다!

여러분, 인생의 날이 그리 길지 않습니다. 그렇기 때문에 짧은 생애를 살아가면서 정말 위험하고 무서운 미혹 중의 미혹이 "내일이 있잖아요!"라는 말이라는 것을 기억하십시오. 뻔히 결론이 나서 순종해야 하는 것을 알면서도 그 순종을 유보하고, 인생을 낭비하고 흘려보내듯이 어리석게 살아가는 것이 바로 우리에게 있는 가장 큰 위험입니다.

그래서 주님은 "내일 일을 너희가 알지 못하는도다 너희 생명이 무엇이냐 너희는 잠깐 보이다가 없어지는 안개니라"(약 4:14), "이르시되 내가 은혜 베풀 때에 너에게 듣고 구원의 날에 너를 도왔다 하셨으니 보라 지금은 은혜 받을 만한 때요 보라 지금은 구원의 날이로다"(고후 6:2)라고 말씀하십니다.

유보된 순종은 순종이 아니라는 말입니다. 바로 오늘이 우리의 믿음의 순종을 드릴 마지막 기회입니다. 오늘 내게 주시는 은혜, 그 은혜는 오늘 아니면 받을 수가 없습니다. 오늘 주시는 은혜는 오늘 받아야 하고, 오늘 우리가 내디뎌야 할 순종은 오늘 우리에게 주시는 마지막 기회일지도 모릅니다.

주님이 우리의 삶에 이미 완전한 복음을 주시고, 우리 안에 내주하시면서 언제든 순종하기만 하면 기쁘게 우리를 지지해주시고, 충만하게 역사하셔서 우리에게 주님의 기적을 보며 걸어가는 놀라운 날들을 주십니다.

우리에게 주실 은혜를 마음껏 준비해놓으신 주님 앞에 우리의 순종을 드릴 날, 바로 오늘입니다. "보라 지금은 은혜받을 만할 때요 지금은 구원의 날이로다." 하나님이 우리에게 주신 소중한 이 순간, 주님 앞에 오늘 드릴 순종으로 즐거이 올려드리는 승리가 오늘 우리가 누릴 성령 충만입니다. 그것이 생생한 오늘의 복음이 되는 것입니다.

🌱 오늘, 묵상 Devotion for Today

여러분의 참 주인은 누구입니까? 주님이 나의 주인이라 고백하지만 내 마음속 은밀히 숨기며 사랑하고 있는 마음의 우상이 있지 않습니까? 주님께서 허락하신 오늘이 여러분의 '참 주인, 예수 그리스도께'로 돌이키는 회개의 날이 될 수 있기를 기도합시다.

날마다 생생한 복음

결정적 결함이 있는 신앙생활

다섯 아이의 옷을 손빨래해서 키운 아내 앞에 "이제 무소유다. 나는 주의 종이다"라고 말하면서 의연한 척 살아왔습니다. 그런 저에게 어느 해 성탄절 즈음에 깜짝 이벤트처럼 누군가가 신제품 전기세탁기를 보내왔습니다. 가족들에게 늘 면(面)이 서지 않던 저였기에 이런 선물이 왔다는 것에 대해 얼마나 감동하고 흥분했는지 여러분은 잘 실감하지 못할 것입니다. 하지만 저는 언제든 물질적인 것, 세상적인 것에 대해 아주 초연하고 별 관심이 없는 태도를 외쳐 온 사람이라 나름 의연해야 했습니다. 그런데 그 외침이 무색해질 만한 작은 해프닝이 일어났습니다.

전원 코드는 꽂으셨나요?

가족 모두가 들떠서 저의 행동 하나하나를 지켜보고 있었기에 흥분을 가라앉히고 아주 침착한 모습으로 뛰는 심장, 떨리는 손끝을 진정시켜가며 차근차근 박스를 풀어나갔습니다. 제품 설명서를 보고 부속품을 하나하나 확인하고 드디어 전원 스위치

172

나에게 생생한 복음

를 누르고 작동을 하려는데 처음부터 작동이 되지 않는 것입니다. 그래서 다시 확인을 해보았습니다. 지금 막 비닐을 벗긴 신제품인데, 한국을 대표하는 기업에서 만든 제품이 멋진 순간을 이렇게 망치다니 갑자기 속에서 부아가 치밀어 올라 그 회사로 전화를 했습니다.

목소리를 진정시키긴 했지만 "대한민국을 대표하는 회사가 이런 식으로 무책임한 행동을 해서 되겠느냐. 어떻게 작동도 되지 않는 제품을 보낼 수가 있느냐?" 하고 감정을 그대로 드러냈습니다. 그러자 응대하는 직원이 거듭 사과하며 책임지고 도와드릴 텐데, 기사님을 보내기 전에 내용 파악을 위해 몇 가지 묻겠다고 하고 설명서를 보았는지 설명서대로 했는지 수차례 묻길래 "아, 나도 그 정도는 다 확인하는 사람입니다"라고 짜증 섞인 대답을 했습니다. 그러자 "네, 잘 알겠습니다. 그럼 마지막으로 하나만 더 확인해주세요. 혹시 전원 코드는 꽂으셨나요?"라고 묻는 직원의 말에 갑자기 머리가 하얘졌습니다. 디테일한 것에 신경을 쓰고 완벽하게 하려다가 그만 결정적인 실수를 저질렀습니다. 전원 코드를 꽂지 않은 채 작동을 시도했던 것입니다. 명백한 결정적 결함이었습니다. 저의 곤란해진 입장을 어떻게 말로 다 표현할 수가 없었습니다.

우리의 신앙생활에도 이와 비슷한 결정적 결함이 있습니다.

기도 없는 신앙생활, 기도 없는 하나님과의 친밀함, 기도 없이 하나님을 깊게 안다는 것이 가능할까요? 모든 것을 다 갖추었고 준비되었는데 기도를 잘 못한다고 하거나 은사를 받은 사람들이나 한다고 여긴다면 그것은 신앙생활에서 아주 결정적인 결함입니다.

기도면 다다!

초대교회의 실상을 아주 간명하게 보여주는 한 구절이 바로 "이에 베드로는 옥에 갇혔고 교회는 그를 위하여 간절히 하나님께 기도하더라"(행 12:5)입니다. 예수님을 죽인 주범이었던 사람들이 기득권을 가지고 교회를 박멸하려고 하던 그때, 어린 양을 이리 가운데로 보낸 것과 같다고 하신 예수님의 말씀이 세상 속에 있는 교회의 현실 상황을 그대로 보여줍니다. 하지만 동시에 그 상황을 헤쳐 나가는 교회의 능력을 보여주는 구절이기도 합니다. 베드로는 옥에 갇혔습니다. 그러니까 세상의 핍박과 교회가 직면한 현실 앞에서 교회가 할 수 있는 것은 무엇입니까? 바로 하나님께 간절히 기도하는 것이었습니다.

역사상 가장 강력하고 충만하며 하나님이 쓰시기에 편했던 교회가 초대교회였음을 누구도 부인할 수 없습니다. 초대교회는 복음과 기도만으로 가장 저항적이고 불리했던 역사의 현장에서 강력한 생명 공동체로 존재했습니다. 그들은 "내가 세상 끝날까지 너희와 항상 함께 있으리라"고 하신 주님의 약속을 붙잡았고, 오직 복음의 말씀과 기도만으로 순종했습니다. 그것이 바로 초대교회의 능력이었습니다.

이처럼 복음을 누리는 실제, 영이신 하나님과 실제로 교통하는 참 신앙, 그리고 살아 있는 믿음은 기도로 드러납니다. 그런데 흔히 공격하는 분들은 이렇게 말합니다. "기도만 한다고 다냐?" 네. 다입니다. 기도가 없는 살아 있는 믿음을 어디서 찾아볼 수 있습니까? 기도가 없는 하나님의 영적 신비, 깊은 교제, 친밀함이 어떻게 가능합니까?

우리는 기도를 통해서 하나님의 뜻과 그분을 알게 됩니다. 기도를 통해서 하나님과 교제하며 그분의 음성을 들은 사람이 순종할 수 있습니다. 그러니까 기도를 통해 하나님께 능력을 얻어서 순종하게 되는 것입니다. 모든 역사의 결과가 우리의 수단이나 방법, 재주에 있는 것이 아니라 주님 손에 달렸다는 것을 믿기 때문에 그 결과를 맡기기 위해서 기도하는 것입니다. 그래서 일을 시작할 때도 기도하고, 일을 순종하고 진행할 때도 기도하고, 결과를 기다리고 인내할 때도 오직 기도밖에 없습니다. 그러니까 기도면 다인 것입니다.

100퍼센트 영적 교감

"아, 기도가 그런 거였습니까? 사실은 중요한 줄 알았지만 잘 안 돼요. 기도가 진짜 어렵습니다. 기도에 대한 소원이 있기는 있었어요. 저도 기도 잘하고 싶고, 능력 있는 기도를 하고 싶어요. 다른 사람들처럼 열정적으로 기도하고 싶어요. 뭐니 뭐니 해도 기도의 응답을 받고 싶어요. 하지만 저는 안 돼요." 이렇게 말하거나 생각하면서도 아예 특별한 시도를 안 하는 분들이 교회 안에 많습니다.

그런 분들에게 간단한 대답을 드리고 싶습니다. "이르시되 진실로 너희에게 이르노니 너희가 돌이켜 어린아이들과 같이 되지 아니하면 결단코 천국에 들어가지 못하리라"(마 18:3). 우리는 하나님 앞에서 영적 어린아이와 같은 존재임을 깨달아야 합니다. 어린아이는 엄마와 100퍼센트 교감을 누립니다. 말을 잘하고 똑똑하고 무슨 능력이 있느냐 하는 것은 이것과 아무 상관이 없습니다. 평범한 어린아이라도 엄마와 100퍼센트 교감을 누리는 데 전혀 어려움이 없습니다. 어린아이는 전적으로 엄마를 의지하고, 엄마는 전적으로 아이를 보호하려는 의지가 있습니다. 다른 어떤 상황이든 상관없이 어린아이는 엄마와의 교감을 100퍼센트 누립니다. 엄마는 어린아이의 필요를 다 알아채고 응답할 수 있습니다.

주님은 이것을 영적인 영역에서 동일하게 말씀하십니다. "이와 같이 성령도 우리의 연약함을 도우시나니 우리는 마땅히 기도할 바를 알지 못하나 오직 성령이 말할 수 없는 탄식으로 우리를 위하여 친히 간구하시느니라"(롬 8:26). 그러니까 우리는 마땅히 빌 바를 모르는 영적인 어린아이와 같지만, 성령께서 우리의 말할 수 없는 탄식까지 알아차려서 우리 대신 아버지 뜻대로 간구해주신다는 것입니다. 하늘 아버지께서는 우리가 고아와 같이 염려하며 구하는 것을 싫어하십니다. 우리에게 무엇이 있어야 하는지 다 아시니 먼저 그의 나라와 그의 의를 구하면 모든 것을 주신다고 약속하십니다(마 6:31-33). 그리고 그리스도 예수 안에 있는 하나님의 뜻은 우리가 항상 기뻐하고, 쉬지 말고 기도하고, 범사에 감사하는 것이라고 말씀합니다(살전 5:16-18).

아이가 어떻게 엄마와 100퍼센트 교감을 누릴 수 있습니까? 아이는 존재적으로 당연히 그럴 수 있습니다. 그처럼 우리가 바로 하나님 아빠 앞에서 영적으로 그런 존재입니다.

하나님나라의 작동 원리

첫째, 우리가 하나님 앞에서 어린아이와 같이 무지하고 무능한 존재라는 것을 알고, 둘째, 하나님은 나를 사랑하는 분이며 나의 전부가 되시고 복음의 약속을 주신 분이라는 것을 압니다. 아이가 엄마를 아는 것처럼 말입니다. 셋째, 어린아이와 같은 믿음의 기도가 하나님나라의 작동 원리라는 것을 알게 됩니다. 아이는 엄마를 본능적으로 압니다. 아이는 엄마의 도움 없이 아무것도 할 수 없다는 것을 압니다. 아이가 울기만 해도 엄마가 가만있지 못한다는 것을 압니다. 엄마의 뱃속에서 나와 엄마의 손끝에서 자라며 엄마의 보호와 사랑 안에 만족하며 모든 필요가 채워진다는 것도 압니다. 하나님을 믿는 어린아이와 같은 믿음, 그 믿음의 기도에 대한 하나님의 응답의 역사가 곧 하나님나라의 작동 원리입니다.

따라서 "내가 진실로 진실로 너희에게 이르노니 나를 믿는 자는 내가 하는 일을 그도 할 것이요 또한 그보다 큰 일도 하리니 이는 내가 아버지께로 감이라 너희가 내 이름으로 무엇을 구하든지 내가 행하리니 이는 아버지로 하여금 아들로 말미암아 영광을 받으시게 하려 함이라 내 이름으로 무엇이든지 내게 구하면 내가 행하리라"(요 14:12-14), "너희가 나를 택한 것이 아니요 내가 너희를 택하여 세웠나니 이는 너희로 가서 열매를 맺게 하고 또 너희 열매가 항상 있게 하여 내 이름으로 아버지께 무엇을 구하든지 다 받게 하려 함이라"(요 15:16). 그렇습니다. 하지만 반대로 "너희가 얻지 못함은 구하지 아니하기 때문이요 구하여도 받지 못함은 정욕으로 쓰려고 잘못 구하기 때문이라"(약 4:2-3)라고 말씀하십니다. "너는 내 아들이라 오늘 내가 너를 낳았도다 내게 구하라 내가 이방 나라를 네 유업으로 주리니 네 소유가 땅 끝까지 이르리로다"(시 2:7-8). 주님은 우리에게 열방을 주겠다고 이미 말씀하셨습니다.

넷째, "항상 기뻐하라 쉬지 말고 기도하라 범사에 감사하라 이것이 그리스도 예수 안에서 너희를 향하신 하나님의 뜻이니라"라는 데살로니가전서 5장 말씀이 살아 있는 믿음을 잘 표현해줍니다. 어린아이는 엄마를 찾습니다. 그것이 어린아이의 기쁨입니다. 엄마가 안 보이면 어린아이는 죽습니다. 어린아이가 무슨 일이든 엄마를 찾고 엄마에게 구하는 것, 그것이 기도입니다. 그리고 감사합니다. 그럴 때 엄마가 안 줄 리가 없어요. 내가 구하든 구하지 못하든, 내게 필요한 것을 이미 다 준비해놓고 계세요.

주님이 예수님의 이름으로 하나님 아버지께 구하면 주시겠다고 약속하셨으니 내가 기도를 잘하는 것과 못하는 것은 문제가 아닙니다. 그러니 기도 없이 신앙생활을 한다거나 기도 없이 하나님과 친밀함을 누린다는 것은 심각한 결정적 결함이 되는 것입니다. 어린아이와 엄마의 교감이 어렵지 않은 것처럼 기도는 결코 어렵지 않습니다. 아이와 엄마의 관계를 기도라고 할 수 있듯이 우리도 기도로 말하고, 기도로 떼를 부리고, 기도로 응답받고, 기도로 누려야 합니다.

지금 하나님께서 놀라운 은혜를 준비해놓으셨습니다. 이를테면 세탁기를 선물로 준비해놓으셨는데 전원 코드를 꽂지 않아 사용하지 못하는 해프닝은 저 한 번으로 족합니다. 기도 없이 오늘 하루를 어떻게 사십니까? 기도 없이 지금 무엇하는 것입니까? 하나님은 늘 우리와 같이 계십니다. 나 혼자 스스로 살아갈 수 없다는 것을 아는 어린아이처럼 엄마를 즐기듯 하나님을 즐겨야 합니다. 하나님을 즐거워하는 것이 바로 우리에게 원하시는 하나님의 소원입니다.

🌿 오늘, 묵상 Devotion for Today

영원이 달려 있는 신앙생활을 한다고 하면서 기도 없는 신앙생활, 기도 없는 하나님과의 친밀함, 기도 없이 하나님을 안다 하는 지혜, 이런 결정적 결함을 가지고 있지는 않습니까? 지금 기도의 자리로 나아가 하나님께 감사하고 하나님을 기뻐하고 즐거워하십시오. 성령께서 나의 숨 쉬는 모든 순간순간에 기도를 일깨워주시기를 간구합시다.

나는 복음을 부끄러워하지 아니하노라

안디옥교회는 바울과 바나바를 첫 선교사로 파송했습니다. 그들의 전략은 오직 성령님의 인도하심을 받고 순종하는 것뿐이었습니다. 복음이 강력하게 증거되는 곳에서는 크게 두 가지 양상이 나타났습니다.

"이방인들이 듣고 기뻐하여 하나님의 말씀을 찬송하며 영생을 주시기로 작정된 자는 다 믿더라 주의 말씀이 그 지방에 두루 퍼지니라 이에 유대인들이 경건한 귀부인들과 그 시내 유력자들을 선동하여 바울과 바나바를 박해하게 하여 그 지역에서 쫓아내니 두 사람이 그들을 향하여 발의 티끌을 떨어 버리고 이고니온으로 가거늘 제자들은 기쁨과 성령이 충만하니라"(행 13:48-52).

하나는 복음을 듣고 기뻐하여 하나님의 말씀을 찬송하면서 영생을 주시기로 작정된 자는 다 믿는 일이었고, 다른 하나는 사람들을 선동하여 믿지 못하게 할 뿐만 아니라 복음 전하는 이들을 그 지역에서 쫓아내는 것입니다. 하지만 제자들은 쫓겨나면서도 기쁨과 성령이 충만했습니다. 그 일로 의기소침하거나 당황하거나 어려워하거나 혼돈에 빠지지 않았습니다.

믿기 싫어서 안 믿어!

제가 회심했다고 기억하는 1970년대 초반 어느 날 새벽, 처음으로 찾아간 예배당에서 놀랍게 주님을 만나고 나서 저는 정말 완전히 변하여 구름을 밟는 것 같은 기쁨과 감격으로 생애 첫 전도를 하게 되었습니다. 예배당을 나와 길거리에서 저와 비슷한 20대 초반의 청년을 만났을 때 그를 보자 제 안에서 일어난 변화가 저를 가만히 두지 않았습니다. 제가 그 청년이 가는 길을 가로막았습니다. 그리고 다짜고짜 예수님을 믿으시냐고 물었습니다. 이른 아침 그 청년에게 무슨 날벼락 같은 일이겠습니까. 그 청년이 나를 위아래로 훑어보더니 흉하게 미친 것 같지는 않은데 좀 허술해 보였던지 "안 믿어!" 이렇게 도발적으로 말하는 것입니다.

사실 어젯밤까지만 해도 저에게도 당연한 이야기였습니다. 말도 안 되는 허무맹랑한 이야기를 왜 믿겠어요? 그런데 오늘은 예수님을 안 믿는다는 말을 듣는 순간 제가 도저히 이해가 안 되는 것입니다. 그래서 "왜 안 믿습니까?"라고 물었더니 "내가 믿기 싫어서 안 믿어"라고 합니다. 그런데 이것이 더 이상했습니다. '아니 어떻게 놀라운 예수님을, 이렇게 분명한 하나님을, 어떻게 그냥 자기가 믿기 싫다고 안 믿을 수가 있지?' 너무 말이 안 되니까 그래도 무슨 이유가 있겠지 하고 제가 눈을 동그랗게 뜨고 물었습니다. "무슨 이유로 믿지 않습니까?" 그 청년도 처음으로 그런 질문을 받아본 것 같았습니다. 가만히 생각해보니까 특별한 이유가 없었는지 피식 웃으며 하는 말이 "특별한 이유는 없는데"였습니다.

저는 그 말이 더더욱 이해가 되지 않았습니다. '안 믿는다, 싫어서 안 믿는다, 아무 이유가 없다.' 점점 더 이해가 되지 않으니까 도저히 더는 받아들일 수가 없어서, 딱히 안 믿을 이유도 없으면서 어떻게 이 좋고 놀라우신 예수님을 믿지 않을 수가 있는지 저도 모르게 따져 묻게 되었습니다. 그 청년도 가만히 생각해보니 이유도 없이 안 믿는다는 게 논리적이지 않고, 딱히 대답할 말이 없이 계속 궁지에 몰리니까 결국 "아 그럼 믿으면 될 거 아니야!"라고 말로 그 해프닝이 마무리되었습니다.

본성적인 거부

이처럼 예수님에 대한 저의 태도는 거듭나기 전과 후가 완전히 다릅니다. 거듭나기 전에는 예수님을 믿는다는 것 자체가 이해가 되지 않았는데 예수님을 만난 그 아침에는 "어떻게 예수님을 이유도 없이 믿지 않느냐"라고 따져 물었으니 말입니다. 이처럼 저에게 급격한 변화를 일어나게 한 복음에 대하여 고린도전서 1장 18절은 이렇게 말씀합니다. "십자가의 도가 멸망하는 자들에게는 미련한 것이요 구원을 받는 우리에게는 하나님의 능력이라." 십자가의 도는 백주 대낮에 밝은 태양보다 더 분명하고 항거할 수 없고 부정할 수 없는 하나님의 능력이라는 것입니다.

이렇게 두 반응이 완전히 다르게 나타날 것에 대해서 주님은 이미 말씀하셨습니다. "육에 속한 사람은 하나님의 성령의 일들을 받지 아니하나니 이는 그것들이 그에게는 어리석게 보임이요, 또 그는 그것들을 알 수도 없나니 그러한 일은 영적으로 분별되기 때문이라"(고전 2:14). 그래서 복음을 받은 초대교회의 성도들은 전혀 다른 반응에 이상해하거나 당황스러워하거나 의기소침해지지 않았습니다. 그들에게는 너무나 당연한 일이었습니다.

십자가의 복음은 성령께서 깨닫게 해주셔야 합니다. 그것을 저절로 받을 수는 없습니다. 육에 속한 사람, 거듭나지 않은 사람, 영을 모르는 사람은 이해할 수도 받아들일 수도 없는 것입니다. "유대인은 표적을 구하고 헬라인은 지혜를 찾으나 우리는 십자가에 못 박힌 그리스도를 전하니 유대인에게는 거리끼는 것이요 이방인에게는 미련한 것이로되 오직 부르심을 받은 자들에게는 유대인이나 헬라인이나 그리스도는 하나님의 능력이

나에게 생생한 복음

요 하나님의 지혜니라"(고전 1:22-24). 이처럼 죄인들은 본성적으로 복음을 거부하게 되어 있습니다.

나는 복음을 부끄러워하지 않습니다

사실 복음은 인간 수준의 이야기가 아니고 하나님 수준이며 영에 속한 일이기 때문에 인간 본성이나 지식이나 정서로는 받아들일 수가 없습니다. 복음을 전하는 사람들은 이 사실을 알고 있기 때문에 복음을 이해시키려고 한다든지, 그들이 잘 대우하고 환영해주면 복음을 전하겠다는 생각을 애초에 하지 않았습니다. 사람들의 뻔한 반응을 알면서도 사람으로는 할 수 없는 그 일을 하나님이 하신다는 것을 직접 경험했기 때문에 사람들이 어떻게 반응하더라도 복음을 부끄러워하지 않았습니다.

복음에 저항적이고 반기독교적인 분위기 속에서 참 여러 가지 이야기들이 나옵니다. "세상과 대화를 시도한다", "불신자를 위해 문턱을 낮추어서 그들이 거부감을 느끼지 않도록 한다", "교회가 얼마나 친화적이고 열린 공간인지를 알려서 사람들이 자연스럽게 하나님의 사랑을 받아들이게 한다" 어쩌면 참 고마운 생각과 노력인지도 모릅니다. 더군다나 세상과의 경계선을 넘지 않는 다수의 세속적 교인들은 아예 복음을 전하지 않습니다. 오히려 복음을 이야기하는 것이 너무 극단적이고, 이 시대를 모르는 이야기이고, 사람들의 정서에도 맞지 않고, 아무도 듣지 않는다고 걱정합니다. 복음을 가장 쉽게 들을 수 있어야 하는 교회 안에서 성도에게 복음의 핵심과 본질을 들을 기회가 거의 없는 이상하고 아이러니한 일이 생깁니다.

그러나 이것은 오늘만의 이야기가 아니었습니다. 처음 예수 그리스도의 복음이 전해질 때, 더욱이 하나님을 믿는다고 하는 유대인들 사이에서 복음을 향한 말할 수 없는 거부와 발악이 있었고 심지어 그들이 예수님을 죽이기까지 했습니다. 죄인들의 본성 안에는 인간 스스로 복음을 이해한다거나 따뜻한 느낌으로 복음에 반응하는 따위의 이야기가 아예 없습니다.

이런 세상의 한복판에서, 이교적이고 정말 악했던 로마시대에 성령께서는 바울을 통해 이렇게 말씀하십니다. "내가 복음을 부끄러워하지 아니하노니"(롬 1:16), 복음이 부끄러울 수 있다는 것입니다. 왜? 환영하지 않기 때문입니다. 이해하지 못하고, 정서적으로, 본성적으로 거부하기 때문입니다. 그런 이들에게 웬만한 확신을 가지고 이 십자가의 복음을 말할 수 있겠습니까? 그렇지만 바울은 이 복음을 부끄러워하지 않는다고 말합니다. 왜냐하면 이 복음은 모든 믿는 자에게 구원을 주시는 하나님의 능력이 되기 때문입니다.

예수 그리스도께서 거부당하셨고 십자가에서 죽임 당하신 이 복음이 온 유대와 이방 땅 끝에 이르기까지 그 어디에서도 듣는 사람들의 입장을 생각해서 복음의 본질을 숨기거나 부끄러워하는 일 따위는 찾아볼 수가 없었습니다. 사도들 역시 수많은 대가를 지불하고 저항에 부딪쳤지만 다른 수단이나 방법을 택하지 않고 복음의 메시지를 결코 양보하지 않았습니다. 유대인은 유대인이라서 받아들이지 않고, 이방인은 이방인이라서 거부했지만 그럼에도 불구하고 십자가에 못 박히신 그리스도를 전했습니다(고전 2:2). 왜냐하면 "내게는 우리 주 예수 그리스도의 십자가 외에 결코 자랑할 것이 없으니"(갈 6:14), 그것은 오직 예수 그리스도의 십자가 외에 이 세상을 구원할 다른 지혜와 능력이 없기 때문입니다.

내 삶에 찾아온 최고의 기적

혹시 복음을 부끄러워하시나요? 온 세상 어디에서나 누구에게든지 복음을 설득하고 사정하고 구걸해서 전하지 마십시오. 복음은 담대히 선포해야 하는 것입니다. 복음은 이해 가능하거나 육적인 차원의 이야기가 아닙니다. 그러니까 모든 사람을 변화시켜야 한다는 걱정 따위 하지 마시기를 바랍니다. 사도들도 모든 저항이나 거부, 자기들이 당하는 박해와 푸대접과 외면도 발에 묻은 먼지를 털어버리듯 대수롭지 않게 여겼고 오히려 기쁨과 성령이 충만했습니다. 그들을 상관하지 않았습니다. 영생을 받기로 작정된 자는 다 믿게 됩니다. 우리의 설득력이나 대단한 문화적 접근 때문에 복음을 믿게 되는 것이 아닙니다. 물론 그 모든 것이 필요 없다는 말은 아닙니다. 그러나 그것이 복음을 대신할 수는 없습니다.

내 삶에 찾아온 복음도 마찬가지입니다. 영생을 얻을 자에게는 십자가의 복음이야말로 하나님의 능력이고 지혜입니다. 그래서 이 불가능한 세상과 역사의 한복판에서 베풀어주신 하나님의 최고의 기적은 우리가 복음을 믿고 영생을 얻게 된 것입니다. 그러니까 우리가 앞으로도 계속 지켜봐야 할 최고의 기적 역시 사람들이 십자가의 복음을 믿고 영생을 얻고 하나님을 알아보는 것입니다. 우리가 그랬듯이 말입니다. 어떻게 예수님을 안 믿어요? 어떻게 살아 계신 하나님을 안 믿죠? 우리가 자랑할 것은 오직 십자가의 복음입니다. 아멘이시지요? 할렐루야!

🌱 오늘, 묵상 Devotion for Today

복음이 증거되면 사람의 반응은 두 가지 양상으로 나타납니다. 듣고 기뻐하여 복음을 믿는 반응과 복음을 거절하여 박해하며 쫓아내는 반응입니다. 여러분은 십자가의 복음을 어떻게 듣고 믿으셨습니까? 우리도 사람들에게 어리석게 들리는 전도의 한 말씀을 믿고 구원받았습니다. 복음을 부끄러워하지 말고 오늘 십자가의 복음만 선포합시다.

나에게 생생한 복음

노트

PART

3

그리스도인
복음으로 전진하는

그리스도의 제자입니까?

사도행전 13장을 보면 모든 이방 교회의 모교회라고 할 수 있는 안디옥교회가 등장합니다. 지금은 어느 때보다 교회의 참된 모습에 대한 고민이 많아지는 시기입니다. 그런데 답은 오히려 단순한 곳에 있습니다. 원조 교회의 모습을 보면 됩니다. 인위적이거나 문화적인 요소로도 변질되지 않고 세월이 흘러도 변하지 않은 원형의 모습 그대로의 교회, 우리의 기대나 욕심 때문에 혼동되지 않은 교회의 참모습은 사실 그렇게 복잡한 것이 아닙니다. 혼동될수록 더욱 원형으로 돌아가고 본질을 회복하는 것이 중요합니다.

제자가 되는 교회

주님께서 예루살렘 한복판에서 십자가에 달려 죽으시고 부활하심으로 완전한 복음이 이루어졌습니다. 그리고 그 복음이 우리의 것이 될 수 있도록 오순절 성령 강림이라는 역사적인 새 언약의 성취가 이루어짐으로 말미암아 교회가 이 땅에 모습을 드러낼 수 있는 모든 조건이 이루어졌고 드디어 성령 공동체인 예루 살렘교회가 초대교회로 등장한 것입니다.

그러나 예루살렘교회는 과도기적인 모습을 띠지 않을 수 없 었습니다. 유대인 중심의 성도들과 사도들로 인하여 성전과 율 법이 같이 공존하고 유대인이라는 선민의 위치가 그대로 존재 하고 있었기 때문입니다. 그 예루살렘교회가 핍박으로 흩어지 면서 나그네 된 성도들이 유대인에게만 전하던 복음을 이방인 에게도 전하게 되고, 성령님의 주도적인 역사로 안디옥 지경에 교회가 생겨나게 되었습니다.

그때 비로소 우리의 모든 상식을 초월하게 되는데 성전, 율법, 의식 그리고 혈통적인 유대인이라는 제한, 틀, 할례라는 조건이 나 전제 없이 이방인들도 그리스도를 믿어 구원을 얻을 수 있는 기적을 보게 된 것입니다. 그리고 예루살렘 성도들이 경험했던 동일한 은혜가 이들에게 그대로 나타났습니다. 따라서 오직 성 령의 주도적인 역사로 세워진 안디옥교회는 교회의 원형이 될 수 있습니다.

"제자들이 안디옥에서 비로소 그리스도인이라 일컬음을 받게 되었더라"(행 11:26). 그들은 처음으로 외부에서 그리스도인이 라는 이름을 듣게 됩니다. 그뿐만 아니라 안디옥교회의 공동 리 더십인 선지자와 교사들 중에 성령의 감동으로 바나바와 바울을 첫 선교사로 파송하는 교회가 되었습니다. 가장 아름다운 안디옥교회의 모습은 성도 한 사람 한 사람이 예수님의 제자가 된 것입니다. 원형 교회로서 가장 정확한 정체감을 나타낼 수 있는 특징이라면 그냥 성도 혹은 신자가 아니라 예수님의 제자, 예수의 사람, 즉 그리스도인이라 일컬음을 받았다는 것입니다.

진정한 교회의 모습을 나타내는 표현은 바로 제자 된 교회입니다. 교회의 여러 형태, 조직, 건물 같은 것들은 시대에 따라 얼마든지 다르게 바뀔 수 있지만, 결코 양보할 수 없고 교회가 교회 되게 하는 가장 중요한 교회의 정체성은 교회의 성도가 예수님의 제자인가 하는 것입니다. 그 사람들에 의해 교회가 세워지고, 그들의 가치와 목표 또한 또 다른 제자를 세워가는 것입니다. 이러한 교회가 건강한 교회라고 할 수 있습니다.

"거기서 배 타고 안디옥에 이르니 이 곳은 두 사도가 이룬 그 일을 위하여 전에 하나님의 은혜에 부탁하던 곳이라 그들이 이르러 교회를 모아 하나님이 함께 행하신 모든 일과 이방인들에게 믿음의 문을 여신 것을 보고하고 제자들과 함께 오래 있으니라"(행 14:26-28). 이 말씀을 보면 교회를 제자들이라고 표현하는 것을 볼 수 있습니다. 안디옥교회는 바울과 바나바를 선교 파송한 교회이자 교회가 갖추어야 할 가장 본질적인 모습인 교회 구성원이 제자가 되는 교회입니다.

예수님을 따르는 사람

유대인들은 자신들의 정체감을 모세의 제자라고 말하는 것으로 삼았습니다. 그들은 정통이며 주류라는 자존감을 가지고 있었습니다. 요즘 말로 세계적으로 공인된 주류 교단, 대형 교회로 표현할 수 있습니다. 그러나 그리스도인들은 '예수님의 제자'라는 말을 자신들의 정체성을 드러내는 가장 확실한 표식으로 삼았습니다. 그리스도의 제자란 예수님을 따르는 자입니다. 모세의 제자들이 율법의 행위를 따랐다면 예수님의 성도, 교회는 예수님을 따라야 합니다.

"내 양은 내 음성을 들으며 나는 그들을 알며 그들은 나를 따르느니라"(요 10:27)라는 말씀처럼 제자란 예수님을 따르는 사람입니다. 열매를 보고 나무를 아는 것처럼 그가 누구를 따라가는지 보면 압니다. 숨길 수가 없습니다. "사람이 나를 섬기려면 나를 따르라 나 있는 곳에 나를 섬기는 자도 거기 있으리니 사람이 나를 섬기면 내 아버지께서 그를 귀히 여기시리라"(요 12:26). 예수의 제자가 되는 사람은 예수님이 가실 만한 곳, 바로 거기서 예수님이 행하셨을 만한 일을 그 일을 하는 사람입니다.

"내가 그리스도와 함께 십자가에 못 박혔나니 그런즉 이제는 내가 사는 것이 아니요 오직 내 안에 그리스도께서 사시는 것이라 이제 내가 육체 가운데 사는 것은 나를 사랑하사 나를 위하여 자기 자신을 버리신 하나님의 아들을 믿는 믿음 안에서 사는 것이라"(갈 2:20). 즉 예수의 생명을 가지고 있고, 예수님으로만 설명이 되는 그런 사람입니다. 그의 사상은 예수님의 사상이요, 그가 사모하고 흉내 내려고 하는 것은 예수님의 인격입니다. 그가 하려는 일, 그가 살아가는 목적, 그의 소망, 그의 믿음이 무엇이냐고 물으면 "예수님"이라고 대답하는 사람이 제자입니다. 그런 사람들이 모인 곳이 교회이기에 교회란 예수 그리스도로만 설명이 가능한 모임입니다.

어떻게 제자가 되나요?

예수님이 제자들에게 남긴 가장 크고 위대한 명령이 무엇입니까? "그러므로 너희는 가서 모든 민족을 제자로 삼아 아버지와 아들과 성령의 이름으로 세례를 베풀고 내가 너희에게 분부한 모든 것을 가르쳐 지키게 하라 볼지어다 내가 세상 끝날까지 너희와 항상 함께 있으리라 하시니라"(마 28:19-20). 하나님의 비전은 정확합니다. 모든 민족을 예수님의 제자를 삼는 것입니다. 이 약속을 이루시기 위해 주님은 성령을 보내셨습니다. 우리 안에 예수의 영으로 늘 함께하셔서 그분의 능력으로 그분의 제자를 삼는 일을 친히 하십니다. 그러니까 교회는 생명과 같은 이 사명을 받았기 때문에 역사 속에 존재합니다. 예수의 제자가 되는 이 정체감과 사명을 떠난 그 어떤 좋은 이야기라도 거기에 기독교라는 이름을 붙여서 혼잡스럽게 하지 말라는 것입니다.

주님은 아버지와 아들과 성령의 이름으로 세례를 주어 제자를 삼으라고 말씀하십니다. 나 죽고 내 안에 예수 그리스도의 생명을 받아 거듭난 사람이 제자입니다. 또한 주님은 주께서 명령하신 모든 것을 가르쳐 지키게 하여 제자를 삼으라고 말씀하십니다. 너희가 멋대로 시대 유행 따라 인간의 철학, 사상, 도덕을 가르치지 말고 주께서 가르치고 본을 보여주신 예수 그리스도의 삶을 보여주라는 말입니다.

그러면 어떻게 예수님의 제자가 되는지 주님의 말씀을 들어보는 것이 좋습니다. 첫째, "그러므로 예수께서 자기를 믿은 유대인들에게 이르시되 너희가 내 말에 거하면 참으로 내 제자가 되고 진리를 알지니 진리가 너희를 자유롭게 하리라"(요 8:31-32). 예수님의 말씀에 거해야 합니다. 예수님의 말씀은 복음의 말씀입니다. 성경에 있는 모든 말씀이 육신이 되어 오신 분, 결론이 되어 오신 분이 예수 그리스도이십니다. 그분이 길이요 진리요 생명이 되셨습니다. 그러니까 우리가 성경을 알고 성경을 믿는다면 예수 그리스도의 생명으로 살고 그분으로 결론이 나야 합니다. 이것이 성경을 바로 아는 것이고, 하나님을 바르게 섬기는 것입니다. 단순하게 말씀을 연구하고 공부하는 것이 아

나에게 생생한 복음

니라 그 말씀 안에 거해야 합니다. 복음의 말씀을 생명으로 받는 것입니다.

둘째, "수많은 무리가 함께 갈새 예수께서 돌이키사 이르시되 무릇 내게 오는 자가 자기 부모와 처자와 형제와 자매와 더욱이 자기 목숨까지 미워하지 아니하면 능히 내 제자가 되지 못하고 누구든지 자기 십자가를 지고 나를 따르지 않는 자도 능히 내 제자가 되지 못하리라"(눅 14:25-27). "이와 같이 너희 중의 누구든지 자기의 모든 소유를 버리지 아니하면 능히 내 제자가 되지 못하리라"(눅 14:33) 하신 말씀처럼 지금까지는 하나님 없이 내가 주인 되고 내가 왕이 되어 살아왔지만, 이제는 나의 삶을 하나님이 기뻐하시는 거룩한 산 제물로 주님 앞에 드려야 능히 예수님의 제자가 될 수 있습니다. 예수님의 제자가 되는 온전한 헌신 말입니다. 즉 내 것이라고 말하는 모든 것을 예수 그리스도의 것으로 바꾸는 것입니다.

"우리 중에 누구든지 자기를 위하여 사는 자가 없고 자기를 위하여 죽는 자도 없도다 우리가 살아도 주를 위하여 살고 죽어도 주를 위하여 죽나니 그러므로 사나 죽으나 우리가 주의 것이로다(롬 14:7-8). 그래서 결국 살든지 죽든지 오직 그리스도의 것이 되게 하려고 주님이 우리를 위해 죽으시고 부활하셨습니다.

예수님의 제자입니까?

예수님의 제자가 된 사람의 결론은 이것입니다. "이 사람들은 여자와 더불어 더럽히지 아니하고 순결한 자라 어린 양이 어디로 인도하든지 따라가는 자며 사람 가운데에서 속량함을 받아 처음 익은 열매로 하나님과 어린 양에게 속한 자들이니 그 입에 거짓말이 없고 흠이 없는 자들이더라"(계 14:4-5).

긴말이 필요 없습니다. 참된 교회는 안디옥교회가 이미 보여주었습니다. 바로 예수님의 제자가 된 사람들, 그들이 교회입니다. 주님은 혼돈한 세상 가운데서 예수 그리스도가 전부가 된 사람, 그래서 오직 그리스도로 말미암아 그리스도를 따르며 그리스도에 의해서 살아가는 사람들을 참된 그리스도인, 예수님의 제자라고 말씀하십니다.

이제 우리는 가장 근본적인 질문을 해야 합니다. 그리스도인, 예수님의 제자라는 말은 우리 스스로 하는 말이 아니라 다른 사람들이 우리의 삶을 보고 증언해주는 말입니다. 그러니까 아주 확실하고 단순합니다. 피해갈 수 없고 나의 삶과 분리시킬 수 없습니다. "당신은 예수 그리스도의 제자입니까?", "우리 교회는 안디옥교회처럼 그리스도의 제자 된 교회입니까?" 예, 주님은 예수 그리스도의 생명으로 충만하고 날마다 생생한 복음으로 살아가는 생명의 성령 공동체로 이 땅의 증인을 삼으십니다. 그리스도의 제자들은 행복합니다. 우리는 예수의 사람입니다. 할렐루야!

그리스도의 제자는 오직 그리스도만 따르며, 오직 그리스도에 의해서만 살아가는 사람들입니다. 예수 그리스도 외에는 도저히 설명이 안 되는 사람이 바로 그리스도인입니다. 다른 사람들이 나를 보고 그리스도인이라고 증언해주나요? 여러분은 정말 예수님의 참된 제자입니까?

세상을 가로지르는 복음의 바람

성령님의 주도적인 인도하심으로 펼쳐지는 초대교회의 생생한 승리 행진의 모습을 담고 있는 사도행전은 날마다 우리의 마음을 격동시키기에 충분한 기사들로 가득 차 있습니다. 초대교회를 통해서 역사를 뒤흔들며 전진해 가시던 성령 하나님은 오늘도 동일하게 우리 안에 내주하셔서 우리를 충만케 하시며 우리의 순종을 기대하시는 살아 계신 주님이십니다.

바람이 복음을 만나면 하나님의 전략이 된다

바람이라고 하면 아주 강력하고 빠른 속도를 연상하게 됩니다. 바람 부는 언덕 위에 있는 나무는 바람을 견디느라 뿌리를 깊게 내립니다. 바람을 만난 들불은 다른 불들과 같은 불인데도 걷잡을 수 없는 세력이 됩니다. 이렇게 바람은 종종 시련과 핍박 혹은 고통을 의미하는 경우가 참 많습니다.

그렇다면 복음이 바람을 만나면 어떻게 될까요? 복음이 바람을 만나면 놀랍게도 하나님의 전략이 되는 것을 볼 수 있습니다.

안디옥교회의 파송을 받은 첫 선교팀인 바울과 바나바의 선교 행적을 따라가다보면 이렇게 다양하고 멋지고 빈틈없는 전략이 없습니다. 특별히 그 전략에 이름을 붙인다면 '바람 전략'이라고 붙일 수 있을 것 같습니다.

복음의 통로가 된 육적인 이스라엘인 유대인들은 놀랍게도 구약부터 계속해서 바람 역할을 했습니다. 복음에 대한 그들의 거친 핍박과 박해는 예수님의 십자가와 부활의 복음을 완성시키는 바람 역할을 하게 되었습니다. 그 바람 역할은 오순절 성령 강림 이후 역사 속에 초대교회가 등장했을 때에도 멈추지 않았습니다. 예수님을 십자가에 매단 이후 더욱 기세가 등등해진 그들은 핍박의 거센 바람을 몰고 왔습니다.

그런데 초대교회는 핍박의 거센 바람을 타고 오히려 더 뜨겁게 신앙이 불타올랐고 부흥의 영광을 맛보았습니다. 복음의 말씀을 듣고 삼천, 오천 명씩 회개하여 세례를 받고 구원받는 자의 수가 늘어나는 정말 역동적인 생명의 성령 공동체였습니다.

그러나 스데반의 순교 이후에 대대적인 핍박이 임합니다. 그 핍박으로 사람들은 온 사방으로 뿔뿔이 흩어지게 됩니다. 바람이 휩쓸고 지나간 거리처럼 예루살렘교회가 완전히 망하나 싶을 만큼 거센 핍박의 바람을 타고 흩어집니다. 그런데 놀랍게도 복음의 불길이 바람을 타고 사마리아와 이방으로 옮겨붙었고,

이방 선교의 모교회가 되었던 안디옥교회가 탄생했습니다.

바람을 타고 나르는 순종의 전문가들

안디옥교회는 놀랍게도 생긴 지 얼마 되지 않아 성령님의 감동으로 주님의 명령을 따라 바울과 바나바를 선교팀으로 파송했습니다. 이 선교 여행이 진행되는 동안 그들은 선교 계획을 짜지 않았습니다. 그들에게 특별한 전략이 있었던 것이 아닙니다. 단지 온 열방을 가득 채울 십자가와 부활의 복음의 불이 가슴이 터져나가도록 그들 안에 이미 붙어 있었습니다.

그들은 이제 온 세상 영혼들이 보이는 곳곳마다 가만있을 수가 없었습니다. 그런데 앞서 말한 것처럼 그들은 선교의 일정과 전략이 없었습니다. 오히려 유대인들의 주도적이고 집요한 핍박이 그들의 주요 일정을 결정했습니다. 그 핍박의 바람을 타고 소아시아 전체와 유럽 그리고 로마로 거세게 번져 간 것입니다. 그들은 바람을 두려워한 자들이 아니라 바람을 타고 나는 용감한 정예병이요 순종의 전문가인 바람의 아들들이었습니다. "무릇 그리스도 예수 안에서 경건하게 살고자 하는 자는 박해를 받으리라"(딤후 3:12)라는 말씀처럼 말입니다.

예수님도 일찍이 공생애 기간 내내 제자들에게 꼭 당부하신 말씀이 있습니다. "보라 내가 너희를 보냄이 양을 이리 가운데로 보냄과 같도다 그러므로 너희는 뱀 같이 지혜롭고 비둘기 같이 순결하라"(마 10:16). 다시 말하면 "세상은 너희를 핍박하고 너희는 환난을 당할 것이지만 두려워하지 말아라. 내가 세상을 이기었다. 세상이 너희를 미워하지만, 사실은 너희를 미워하는 게 아니라 복음인 나를 미워하는 것이다. 그러니 이상히 여기지 말아라. 핍박받을 것을 오히려 기뻐하라. 하늘에서 너희의 상이 크다"라는 것입니다.

바람이 가져다주는 유익

핍박과 고난이라는 바람이 강하게 불어 압도적인 힘으로 우리를 흔들어댈수록 우리에게 주는 유익이 있습니다. 우리가 우리의 중심을 굳게 붙들게 된다는 것입니다. 그렇지 않으면 바람에 치여서 다 날아가버리고 맙니다. 복음을 놓치면 죽는 줄 알고 나의 전부가 걸린 가장 절대적이고 중요한 복음을 꼭 붙들고 놓지 않습니다. 더욱 굳게 뿌리 내리게 되어 있습니다. 그래서 같은 십자가 복음이지만 바람을 만나면 순전해지고 오히려 아주 단순하고 강력해지는 것입니다.

바람이 주는 또 다른 유익은 확산 속도가 빠르다는 것입니다. 선교의 최고 전략은 성령께서 바람을 활용하시는 것입니다. 이것이 바로 사도행전 14장의 바람의 아들들, 하나님의 선교팀들이 보여준 모습입니다. 놀라운 성령의 권능 아래 있는 그들을 핍박하면 할수록 주님은 그 모든 핍박을 사용하셔서 주님이 이끄시고 싶은 대로 그들의 모든 일정과 그들이 행할 구체적인 일들을 인도하셨습니다.

그들은 그들이 맞이하게 되는 모든 상황 가운데 그들이 알고 있는 복음을 외칠 뿐이었습니다. 그들은 때리면 맞고 가두면 갇혔습니다. 그러나 기회가 닿으면 거침없이 담대하게 주님의 다스리심을 알고 순종했습니다. 그들이 전한 내용은 복음이었고 주권은 성령이시며 그것을 누리는 조건은 믿음의 순종이었습니다. 그러니까 그들은 바람을 다루고 나르는 용감한 정예병, 순종의 전문가들이었던 것입니다.

바람에 겁먹지 말고 기뻐하라

오늘날 우리의 개인적인 삶과 교회 그리고 선교지에서 애쓰는 우리의 전략이 전부 필요 없다는 것은 아닙니다. 하지만 시대에 따라, 문화에 따라, 상황에 따라 전략과 노력은 바뀌고 차이가 있을 수 있지만, 초대교회가 누렸던 근본적인 전략은 변하지 않았습니다.

"다만 이뿐 아니라 우리가 환난 중에도 즐거워하나니 이는 환난은 인내를, 인내는 연단을, 연단은 소망을 이루는 줄 앎이로다 소망이 우리를 부끄럽게 하지 아니함은 우리에게 주신 성령으로 말미암아 하나님의 사랑이 우리 마음에 부은 바 됨이니"(롬 5:3-5). 바람을 두려워하지 않고 바람을 타고 나르는 바람의 아들들을 통해서 복음을 받고 이 은혜 안으로 들어간 자들은 환난을 받는 중에도 기뻐합니다. 주님은 거침없이 담대하게 순종하는 용감한 정예병, 순종밖에 모르는 바람의 아들들을 사용하십니다.

그러니까 하나님의 손 안에 있는 나의 인생, 우리 교회, 열방을 위한 주님의 선교 사역 가운데 우리는 기뻐해야 합니다. 이 세상이 아무리 으르렁거려도 겁먹지 말고 환난이 와도 일단은 기뻐해야 합니다. 우리는 복음을 가지고 있습니다. 이 복음을 가지고 역사하시는 성령님이 계십니다. 우리가 바로 믿음의 순종만 드리면 되는 바람의 아들들이기 때문입니다. 할렐루야! 주님이 승리하십니다.

🌱 오늘, 묵상 Devotion for Today

바람은 시련, 고난, 핍박을 상징합니다. 그런데 바람이 복음을 만나면 복음은 오히려 더 굳세어지고, 그 바람을 통해 복음의 확산 속도는 더욱 빨라집니다. 혹시 여러분에게도 지금 바람이 불어오고 있나요? 그렇다면 그 바람에 겁먹지 마십시오. 바람과 바다도 우리 주님께 순종합니다. 주님의 모든 다스림을 믿고 담대히 기쁨으로 순종하시기 바랍니다.

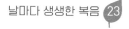

당신의 실력을 보여주세요

D. L. 무디(Dwight Lyman Moody)는 세기의 전도자로 알려진 분입니다. 그분의 일화 중에 한 이야기가 생각이 났습니다. 그분은 구둣방 점원인데다가 어려운 가정 형편으로 학교도 제대로 다니지 못했습니다. 그러다보니 문법이나 사용하는 단어 등 많은 부분이 매우 부족했습니다. 한 번은 명문대에서 복음을 전하는 집회를 하는데 말씀을 다 전하고 나자 어떤 사람이 무디를 찾아왔습니다. 그리고 집회 시간 내내 그의 설교에서 잘못된 철자, 표현, 문법을 적은 종이를 보여주며 무디의 실력이 이토록 형편없다고 망신을 주었습니다.

그러나 하나님의 사람 무디는 그에게 이렇게 응대했습니다. "아 그렇군요. 정말 대단하시네요. 그런데 한 가지 궁금해집니다. 나는 당신이 한 시간에 스물 몇 번을 지적할 만큼 무식한 실력으로나마 복음을 전해서 수많은 영혼에게 복음을 전하고 구원 얻는 일에 쓰임을 받았는데, 하나님이 놀라운 지혜를 주셔서 완벽한 실력을 가진 당신은 대체 몇 사람이나 구원하셨습니까?" 이 말은 다른 말로 하면 "당신의 실력을 보여주세요!"입니다.

이방인의 할례 문제

안디옥교회는 사람이 기대할 만한 조직력이나 권세, 인간의 지혜로 세워지지 않았습니다. 정말 순전하게 성령의 능력으로만 세워졌습니다. 사람으로 말미암은 것이 아니고 사람에 의한 것도 아니고 어쩌다가 요행으로 된 것도 아닙니다. 오직 성령의 능력과 실력으로 세워졌습니다. 그리고 예수님을 믿지 않던 세상 사람들로부터 그들이 진짜 예수의 제자, 정말 그리스도인이라고 가장 먼저 불리며 그 실력을 인정받았습니다. 게다가 바울과 바나바를 최초로 파송한 이방교회의 모교회가 되었습니다.

그런데 이런 참 교회를 근본부터 흔들어보려는 자들이 있었는데 바로 유대인이었습니다. 그들은 유대로부터 내려와서 안디옥교회의 성도들에게 "모세의 법대로 할례를 받지 않으면 능히 구원을 받지 못한다"고 하면서 유대인의 자랑이었던 모세의 율법과 할례를 가지고 그들의 근본을 흔들었습니다. 그들은 "우리가 원조다. 우리는 성경을 우리의 모국어로 가지고 있다. 우리는 율법을 안다. 우리는 할례받았다. 우리는 모세의 제자들이다. 우리는 혈통으로 정통 아브라함의 자손이다. 우리는 전통적이다. 예루살렘 성전이 중심이다”라고 자랑했습니다. 이 도전으로 하나님께서 순전한 복음과 성령으로 세우신 안디옥교회에 적지 않은 다툼과 변론이 일어났습니다.

결국 실력이 말해준다

이방인에게 할례를 받게 해야 하느냐 아니냐 하는 문제 때문에 안디옥교회의 바울과 바나바와 몇 사람이 예루살렘교회의 사도와 장로들을 만나러 갔습니다. 여러 변론을 거쳐 이 문제에 대한 해법을 찾기 위해서였습니다.

예루살렘교회는 신약교회의 모교회이기는 하지만 그 성격상 과도기적인 교회였습니다. 그러다보니 바리새파 출신, 즉 율법주의적인 그리스도인 형제들도 있었습니다. 바리새파 출신의 교인들은 안디옥교회를 뒤흔들었던 사람들의 의견에 동조하여 이방인에게 할례를 행하고 모세의 율법을 지키라고 하는 것이 마땅하다고 했습니다. 사도와 장로들이 모여 이 문제로 논쟁을 벌였는데 그 후 베드로가 일어나 답변한 말씀입니다.

“형제들아 너희도 알거니와 하나님이 이방인들로 내 입에서 복음의 말씀을 들어 믿게 하시려고 오래 전부터 너희 가운데서 나를 택하시고 또 마음을 아시는 하나님이 우리에게와 같이 그들에게도 성령을 주어 증언하시고 믿음으로 그들의 마음을 깨끗이 하사 그들이나 우리나 차별하지 아니하셨느니라"(행 15:7-9).

즉, 하나님께서 이방인들도 복음의 말씀을 듣고 믿게 하셨고, 사람의 마음을 아시는 하나님께서 우리에게 성령님을 주신 것처럼 그들에게도 성령님을 주시어 그들을 인정해주셨고, 그들의 믿음을 보시고 그들의 마음을 깨끗하게 하셨으니 어느 출신이나 종족이라도 상관없이 예수님 안에서 모두 거듭난 심령이 되는 데 아무런 차별을 두지 않으셨다고 외친 것입니다.

베드로는 이미 성령님의 강권적인 주도하심으로 고넬료라 하는 이방 사람 백부장과 교제하여 그의 가정에 복음을 전했고, 성령께서 동일하게 그들에게 예수님을 믿고 구원받게 하신 역사를 경험했습니다. 베드로는 지금 이 경험을 말하고 있습니다. 다시 말하자면 이미 열매가 말하고 있고 실력이 말해준다고 말한 것입니다. 어느 교단, 어느 교파 또 얼마나 많은 신학을 공부했는지, 무슨 직분을 가졌는지는 폼(form)에 해당하는 것이고, 그 폼을 채우는 진짜 실력, 생명, 열매가 이미 그들에게 나타났으니 주님은 그들이나 우리를 차별하지 않으신다고 증언한 것입니다.

당신의 실력을 보여주세요

율법과 할례의 목적은 무엇입니까? 하나님이 우리에게 주신 율법과 계명을 꽉 짜면 결국 하나님 사랑과 이웃 사랑입니다. 그러니까 율법과 할례는 폼의 문제가 아니지요. 주님은 분명하게 말씀하십니다. "그리스도 예수 안에서는 할례나 무할례나 효력이 없으되 사랑으로써 역사하는 믿음뿐이니라"(갈 5:6).

오직 믿음으로, 유대인도 오직 믿음이어야 하고, 이방인도 오직 믿음이어야 하는 것입니다. 물론 유대인에게 유익한 것이 많고 이방인에게 모자라는 것도 많습니다. 그러나 유대인의 결론도 예수 그리스도요, 이방인의 결론도 예수 그리스도입니다. 예수 그리스도를 생명으로 받아 복음의 실제를 누리는 것은 오직 믿음밖에 없습니다. 결국 유대인이나 이방인이나 똑같습니다.

성령의 새 시대를 맞이해서 유대인의 왜곡된 율법주의, 유대인의 자존심, 그리고 율법을 지킨다고 말은 하지만 외식일 뿐 그들의 속은 변하지 않아 껍데기만 요란할 뿐입니다. 예수님은 내용과 생명은 없이 회칠한 무덤 같은 바리새인들과 유대인들을 질타하셨습니다. 율법의 조문을 지키고 그것을 광고하고 그것으로 사람들의 존경을 받으며 선생이라 떠들어댔지만, 가장 중요한 사랑, 율법의 더 중한 바 정의와 긍휼과 믿음, 의(義)와 인(仁)과 신(信)을 버린 것입니다. 쉽게 말해서 내용은 던져 내버리면서 껍데기만 붙들고 폼을 잡았다고 하시는 것입니다.

"무릇 표면적 유대인이 유대인이 아니요 표면적 육신의 할례가 할례가 아니니라 오직 이면적 유대인이 유대인이며 할례는 마음에 할지니 영에 있고 율법 조문에 있지 아니한 것이라 그 칭찬이 사람에게서가 아니요 다만 하나님에게서니라"(롬 2:28-29). 주님은 아주 정확하게 말씀하셨습니다.

과도기적 예루살렘교회는 구약과 신약을 잇는 중요한 다리 역할을 하는 교회였습니다. 유대인으로서 열심히 예수님을 믿었던 사람들이 존재했고 그렇다보니 그들은 여전히 유대적 옷을 입고 유대적 사고를 가지고 있었습니다. 그들은 자신들이 기본 지식이 있어서 예수님의 복음을 받아들였다고 생각했습니다. 성경도 알고 율법도 알고 의식도 알아야 복음을 제대로 깨달을 수 있다고 생각한 것입니다.

그러나 주님은 때가 차서 완전한 복음이 이루어지면 율법과 할례가 궁극적으로 원했던 사랑으로 역사하는 믿음으로, 유대인이든 이방인이든 예수 그리스도의 십자가의 복음을 온전히 믿으면 예수의 생명으로 거듭나 예수의 열매를 맺게 된다고 말씀하셨습니다. 베드로의 놀라운 증언과 함께 야고보가 구약성경을 인용하여 확정 짓는 말씀과 몇 가지 요구 사항을 제시하는 것으로 그날의 변론은 끝이 났습니다. 성령으로 복음의 실제를 누리며 오직 믿음으로, 진정한 참 생명의 복음으로 거듭난 하나님의 사람들의 성령 공동체, 그들에게 다른 것이 필요하지 않았습니다.

"성령과 우리는 꼭 필요한 다음 몇 가지밖에는 더 이상 아무 무거운 짐도 여러분에게 지우지 않기로 하였습니다. 여러분은 우상에게 바친 제물과 피와 목매어 죽인 것과 음행을 멀리하여야 합니다. 여러분이 이런 것을 삼가면, 여러분은 잘 행한다고 하겠습니다. 안녕히 계십시오"(행 15:28-29, 새번역). 이 편지와 함께 예루살렘교회에서 열린 회의가 마무리되었습니다. 안디옥교회 이방인들의 구원을 흔들었던 사람들에게는 다른 어떤 것이 아니라 "당신의 실력을 보이라"는 한마디로 많은 변론이 평정되었습니다.

내가 큰 교회에 속해 있고 정통 교단이고 대대로 기독교 가문이고 행실이 좋고 직분을 가졌다는 것은 소중하고 귀한 것입니다. 하지만 그것은 껍데기일 뿐입니다. 그 안에 내용이 차 있을 때만 의미가 있는 것입니다. 그렇기 때문에 껍데기를 강조하는 그들에게 이미 드러난 실력으로 대답한 안디옥교회는 드디어 이방 선교를 향해 나아가는 전기를 맞이하게 됩니다. 오늘도 세상은 우리에게 실력을 보여달라고 요구합니다. 여러분의 실력을 보여주세요!

당신은 오직 예수 그리스도를 생명으로 받아 복음으로 거듭나셨습니까? 오직 믿음으로 새 마음이 되어 성령을 따라 살아가는 생명의 복음으로 거듭나셨습니까? 그렇다면 당신의 진짜 실력, 예수 생명, 예수 열매를 보여주십시오. 세상은 당신에게 바로 그것을 요구합니다.

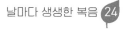

날마다 생생한 복음 24

하늘 보좌를 움직인 평범한 사람들

우리는 역사에 큰 변화가 일어날 때, 한 시대에서 다른 시대로 바뀔 때, 한 영역에서 또 다른 영역으로 바뀌는 역사의 흐름에 결정적인 역할을 한 역사의 영웅들을 기억합니다. 마찬가지로 하나님나라의 복음이 전진해가는 역사에도 쓰임 받았던 영웅들이 많이 있습니다. 그 영웅들로 인해 유대인에게만 한정된 줄 알았던 복음이 유대인이라는 벽을 넘어 이방인에게까지 가고, 아시아에서 복음을 전하다가 유럽으로 그 방향이 바뀌는 큰 변화가 일어났습니다. 물론 베드로를 위시한 사도들과 바울의 선교 여행 팀들이 중추적인 역할을 했습니다. 그런데 사도행전을 자세히 살펴보면 우리가 바라보는 역사의 시각과 전혀 다른 측면이 있다는 것을 알게 됩니다.

하나님이 예비하신 사람들

"성령이 아시아에서 말씀을 전하지 못하게 하시거늘 그들이 브루기아와 갈라디아 땅으로 다녀가 무시아 앞에 이르러 비두니

216   나에게 생생한 복음

아로 가고자 애쓰되 예수의 영이 허락하지 아니하시는지라"(행 16:6-7). 이것은 바울의 1차 선교 여행을 통해 놀라운 하나님의 영광의 능력을 경험한 이후 바울의 2차 선교 여행 때의 일입니다.

바울은 성령이 문을 여시고 놀랍게 역사해주셔서 아시아의 다른 도시로 두루 다니며 말씀을 전하고자 했습니다. 그런데 성령이 아시아에서 말씀 전하는 일을 허락하지 않으셨습니다. 밤중에 바울에게 환상이 보이는데 마게도냐 사람 하나가 바울 앞에 서서 "마게도냐로 건너와서 우리를 도우라"고 간절히 청합니다. 아시아 대륙에서 마게도냐로 건너오라 청하는 환상을 보고 바울은 일행들과 함께 기도했습니다. 기도하자 마게도냐 사람들에게 가서 복음을 전하라는 하나님의 부르심이라고 확신하게 되었습니다. 그들은 아시아에서 말씀을 전하려고 했던 모든 계획을 내려놓고 복음의 불모지인 유럽을 개척하는 심정으로 곧 마게도냐로 건너가려고 힘썼습니다.

그들이 드로아에서 배를 타고 떠나서 곧바로 사모드라게로 갔다가 이튿날 네압볼리를 거쳐 빌립보에 도착했습니다. 빌립보는 마게도냐의 첫째 가는 도시이자 로마의 식민지입니다. 그들은 특별한 거점이나 거처도 없이 며칠 동안 머물렀습니다. 그런데 안식일에 기도할 곳을 찾느라 성문 밖 강가로 나갔다가 거기 모인 여자들에게 자연스럽게 말씀을 전하게 되었습니다.

그중에 두아디라에서 온 루디아라는 자색 옷감 장수도 있었습니다. 유대인이 아닌 이방인으로서 하나님을 섬기던 자였는데 주님이 그녀의 마음을 열어 바울이 전하는 복음을 그대로 받아들이게 하셨습니다. "그와 그 집이 다 세례를 받고 우리에게 청하여 이르되 만일 나를 주 믿는 자로 알거든 내 집에 들어와 유하라 하고 강권하여 머물게 하니라"(행 16:15). 그녀의 온 집안이 다 세례를 받았고 바울과 그 일행들이 묵을 수 있는 자리까지 마련해주었습니다.

이것은 앞으로 펼쳐지는 유럽 선교 여행의 예고편 같은 감동적인 장면이었습니다. 그들은 어찌할 바를 모르고 어디로 가야 할지 모르는 바울 일행을 위하여 하나님께서 예비하신 사람들이었습니다. 그리고 그곳이 바로 유럽 선교의 전초 기지가 되는 첫 교회가 탄생하게 된 곳입니다. 빌립보교회는 그때부터 시작해서 바울의 모든 선교 여정 동안 함께한 심장 같은 교회가 되었습니다.

"내가 너희 무리를 위하여 이와 같이 생각하는 것이 마땅하니 이는 너희가 내 마음에 있음이며 나의 매임과 복음을 변명함과 확정함에 너희가 다 나와 함께 은혜에 참여한 자가 됨이라 내가 예수 그리스도의 심장으로 너희 무리를 얼마나 사모하는지 하

나에게 생생한 복음

나님이 내 증인이시니라"(빌 1:7-8). 바울의 선교 일행을 지원하는 일에 복되게 쓰임 받은 교회이며, 바울이 너무나 사랑한 교회였고 주님의 사랑이 정말 뜨거운 교회였습니다. "주 안에서 항상 기뻐하라 내가 다시 말하노니 기뻐하라"(빌 4:4). 감옥으로부터 온 기쁨의 서신이라고 알려진 바울의 빌립보서를 수신하게 되는 교회이기도 합니다.

하늘 보좌를 움직이는 사람들

유럽 선교 여행의 교두보이자 전초기지 그리고 심장 같은 빌립보 교회가 탄생하는 일에 문을 여는 역할을 했던 사람이 루디아입니다. 선교의 방향을 틀어 아시아에서 마게도냐로 건너와 빌립보에서 만난 평범한 사람들, 이방인 개종자로서 하나님을 사모하던 루디아와 그의 가족들, 귀신 들린 여종, 빌립보 간수, 이들의 간절한 소원과 하나님을 향한 갈망이 결국 하늘 보좌를 움직였습니다. 이들이 빌립보교회의 초석이 된 것입니다.

토인비(Arnold J. Toynbee)는 드로아에서 바울을 태우고 마게도냐로 가던 배가 바로 유럽의 역사를 바꾸는 배였으며 동양과 서양의 미래를 바꾸는 운명을 실은 배였다고 표현하기도 했습니다. 복음이 아시아를 넘어서 유럽으로 향하게 되었다는 것은 그만큼 동서양의 운명의 흐름을 바꿔놓는 아주 놀라운 역사적 사건이었습니다.

또 유대인에게만 한정되어 있던 복음이 유대인에게서 이방인에게까지 넘어가는 놀라운 역사도 기억하실 것입니다. 그 역사적 변화의 전면에서 쓰임 받은 것은 베드로였지만 그 이면에는 고넬료라고 하는 이방인 백부장의 기도와 구제가 있었습니다. 결국 유대인이라는 벽을 넘어 이방인에게까지 복음이 전해지는 놀라운 통로의 역할을 했던 사람이 바로 고넬료였습니다.

이런 사건들을 통해 역사는 전면에 나타난 영웅들로만 바뀌는 것이 아니라는 것을 알게 됩니다. 하나님은 하늘 보좌를 움직이는 아주 평범한 사람들을 히스토리 메이커(history maker)로, 키맨(keyman)같이 쓰신다는 것을 여기서도 발견하게 됩니다.

세상을 바꾸는 순종의 영웅들

이런 사람들은 특징이 있습니다. 첫째, 하나님의 이름을 존중히 여깁니다. 다른 이들이 듣기는 많이 들어도 소중히 여기지 않는 하나님의 이름을, 그들은 진실하게 존중히 여겼습니다.

"나를 존중히 여기는 자를 내가 존중히 여기고 나를 멸시하는 자를 내가 경멸하리라"(삼상 2:30). "그를 높이라 그리하면 그가 너를 높이 들리라 만일 그를 품으면 그가 너를 영화롭게 하리라"(잠 4:8). 이처럼 주님은 하나님의 이름을 존중히 여기는 사람이면 그 사람이 어떤 위치에 있는 어떤 사람이든 남자든, 여자든, 종이든, 지혜자든, 어리석은 자든 상관없이 그를 사용하십니다. 에서처럼 팥죽 한 그릇으로 하나님의 축복을 경멸하고 무시한 사람이 있는가 하면, 다윗처럼 하나님의 이름을 소중히 여긴 소년 목동 같은 사람도 있는 것입니다.

둘째, 간절히 사모한다는 것입니다. 그들은 하나님나라를 사모하고 은혜를 갈망합니다. 나 한 사람이 하나님의 은혜를 갈망하고 하나님의 나라를 사모하는 일이 대단한 일처럼 보이지 않아도, 놀랍게도 하나님이 주목하는 사람은 유명한 사람, 대단한 사람들이 아니라 아주 평범하지만 하나님의 이름을 존중히 여기면서 하나님의 나라를 간절히 사모하는 사람들입니다.

하나님의 보좌를 흔드는 사람들의 결론은 순종입니다. 어떤 자리, 어떤 모양, 어떤 크기로 주어진 삶을 살아가든지 자신에게 주어진 모든 순간, 바로 지금, 그때 그 자리에서 하나님 앞에 마지막으로 순종하는 것처럼 온 마음을 다해 하나님이 주신 은혜의 기회를 붙들고 맡겨진 사명에 전심으로 순종합니다. 그러니까 그들의 삶을 보면 모든 순간, 삶의 자리가 순종의 자리가 되고 주님이 그 순종을 하나님을 향한 예배로 받으셔서 역사를 여는 사람들, 성문을 여는 사람들, 하늘 보좌를 움직이는 사람들로 그들의 생애를 축복하시고 쓰십니다.

하나님께서 역사의 흐름을 바꾸었던 놀라운 순간들의 배후에는 하늘 보좌를 움직인 평범한 사람들이 있었습니다. 주님을 사랑하고 복음 안에 있는 바로 저와 여러분입니다. 주님은 우리를 기억하고 계십니다. 고넬료의 기도와 구제를 이방인의 기도와 구제로 들으셨던 하나님, 하나님을 경외하고 갈망하는 이방인 루디아의 신앙을 유럽 선교의 거대한 물줄기를 바꾸는 일에 사용하셨던 주님이 바로 우리가 사랑하는 주님입니다. 오늘 우리가 전심으로 작은 순종의 걸음을 걷는 동안 하나님도 새로운 역사를 써가고 계십니다.

🌿 오늘, 묵상 Devotion for Today

우리는 겉보기에 대단한 영웅만 주목하고 흠모할 때가 많습니다. 그러나 하나님의 관점과 마음은 이면에 잘 보이지도, 눈에 띄지도 않는 사람들을 오히려 더욱 귀히 쓰십니다. 당신은 하나님이 주목해서 보는 분입니까? 내가 대단하다고 생각하는 사람과 보잘것없다고 여기는 사람의 기준은 무엇입니까? 나의 기준이 아니라 주님의 시선과 마음에 초점을 맞춰봅시다.

나에게 생생한 복음

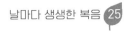

세상을 향한 복음행진

미세먼지와 스모그 현상 때문에 숨을 쉬기 불편할 때가 종종 있습니다. 역사 속에도 하나님을 떠난 죄악의 먼지들과 소망 없고 답답한 소용돌이 때문에 숨 쉴 공간조차 없이 힘들던 시절이 있었습니다. 그렇게 살던 어느 날 성령의 단비가 쏟아져서 청청한 하늘, 초여름의 신록으로 속이 시원하게 뚫리는 성령 충만한 초대교회가 나타납니다. 찌푸린 죄악의 미세먼지가 잔뜩 쌓인 세상을 시원한 바람으로 쓸어 보내고 생명의 생기를 더해가는 성령님이 펼치시는 선교행전, 사도행전을 통해 날마다 생생한 복음을 묵상하다보니 우리 영혼이 맑아지고 절망 가운데서 강한 소망으로, 증오보다 더 강한 사랑으로 온 세상을 살려내는 생명의 온기 같은 것이 느껴집니다.

하나님의 예비하심 1 유대인 디아스포라

사도행전 17장에는 아시아에서 유럽으로 선교의 방향이 바뀌고 나서 순종의 전문가인 바울과 실라가 데살로니가에서, 베뢰아에서, 아덴에서 하나님의 거대한 부르심을 따라 거침없이 순종해가는 모습이 나타납니다. 사실 유럽 땅은 복음의 불모지였기 때문에 인간적으로 보면 막막함이 몰려옵니다. 그런데 땅 끝까지 복음이 증거되는 일에 쓰임 받을 유럽 땅에 하나님이 예비하심을 증거하는 세 가지가 있습니다.

첫째, 유대인 디아스포라 회당입니다. 유대인들은 하나님이 세상 가운데 복음을 계시하기 위해서 선택한 민족이었습니다. 유럽에는 이미 유대인 디아스포라들, 그러니까 흩어진 사람들이 있었습니다. 요즘으로 말하면 이민자라고 할 수 있습니다. 유대인들이 세계 곳곳에 정착하며 살아갈 때 유대인들은 독특하게도 가는 곳곳마다 회당을 만들어서 유대인 공동체를 유지했고 함께 모이는 종교적 회합을 만들었습니다. 이것이 유럽 선교에 있어서 매우 중요한 역할을 하게 되는 하나님의 예비하심이었습니다.

유대인들의 특징과 역할

이 유대인들에게는 몇 가지 특징이 있는데, 첫째, 하나님께서 유대인들 안에 하나님의 놀라운 보화를 담아주셨다는 것입니다. 사실 유대인들은 우리와 똑같이 형편없는 죄인들입니다. 유대인이라고 특별히 더 나을 것이 없는 그들은 죄인의 대표선수들이었습니다. 그러나 그런 그들의 어떠함과 상관없이 그 그릇 안에 담긴 보배는 놀라운 것들이었습니다. 세상을 구원할 복음, 그들이 지켜나갈 율법, 하나님을 섬기는 종교 의식들, 그들만의 성전 중심 문화와 공동체, 믿음의 증인이던 빛나는 조상들까지 그들이 맡아서 가지고 있던 보배는 보통의 것이 아니었습니다.

둘째, 유대인들은 대체로 악역을 담당했습니다. 구약시대에 요셉의 형제들인 야곱의 열 아들들은 요셉을 시기 질투하여 그를 죽이려고 하다가 형제를 노예로 팔아먹는 패륜을 저질렀습니다. 이런 악행을 저지르다니 그들은 하나님의 선민으로 자격이 없고, 하나님의 역사를 훼방하는 일일 수밖에 없습니다. 그러나 악을 선으로 갚으시는 하나님의 섭리로, 노예로 팔려 간 요셉이 애굽의 총리가 되어 하나님의 언약 백성들과 그 당시 모든 만민의 생명을 구원하게 하셨습니다.

예수님이 이 땅에 오셨을 때 자기 땅, 자기 백성에게 오셨지만 유대인들은 예수님을 배척하고 예수님을 십자가에 처형했습니다. 그런데 주님은 유대인들의 이 악행을 도리어 선으로 만드셔서 예수님의 구속 사역을 완성하는 일에 사용하셨습니다. 비록 악역을 맡았던 그들이었지만 그들이 있었기 때문에 예수님의 구속 사역이 완성될 수 있었던 것입니다.

유대인들의 또 다른 악행이 사도행전에 기록되어 있습니다.

예수님이 구속 사역을 마치고 승천하신 후 유대인들은 새롭게 태어난 성령 공동체인 초대교회를 계속해서 핍박하여 전부 흩어버렸고 스데반, 야고보 등 수많은 사람들을 죽였습니다. 게다가 성령의 인도함을 따라 흩어진 나그네들, 그러니까 초대 성도들을 회당에서 버티고 있던 유대인들이 시기, 방해, 대적하고, 불량배를 동원하여 소요를 일으키고, 돌에 맞아 죽을 정도로 때리며 변함없이 복음에 대적하는 짓을 감당했습니다.

그러나 하나님은 유대인의 악행을 오히려 선으로 사용하셔서 선교의 바람 역할을 하게 했습니다. 그 결과 아주 빠르게 들불 번지듯이 복음이 퍼져갔습니다. 오히려 까닭 없이 복음을 핍박하는 유대인들의 발악이 복음과 선명한 대조를 이루어 선과 악을 분명하게 볼 수 있도록 하는 역할을 한 것입니다.

하나님의 예비하심 2 이방인들의 준비된 심령

둘째, 이방인들의 심령을 준비하신 것입니다. "그 중의 어떤 사람 곧 경건한 헬라인의 큰 무리와 적지 않은 귀부인도 권함을 받고 바울과 실라를 따르나"(행 17:4). 이 말씀을 보면 바울이 전하는 예수가 그리스도라는 복음을 들은 경건한 이방인, 즉 유대교로 개종했던 이방인들이 바울과 실라를 따랐다는 것을 알 수 있습니다. 여기서 말한 경건한 헬라인의 무리와 적지 않는 귀부인

나에게 생생한 복음

이 유대교로 개종했던 이방인들입니다. 그들에게 율법을 전한 유대인들은 오히려 하나님을 경외하지도 복음을 받지도 않았는데 옆치기로 복음을 듣고 도전받은 경건한 헬라인들과 귀부인들이 있었다는 것입니다.

"베뢰아에 있는 사람들은 데살로니가에 있는 사람들보다 더 너그러워서 간절한 마음으로 말씀을 받고 이것이 그러한가 하여 날마다 성경을 상고하므로 그 중에 믿는 사람이 많고 또 헬라의 귀부인과 남자가 적지 아니하나"(행 17:11-12). 간절한 마음으로 말씀을 받고 놀랍고 충격적인 말씀을 의심하지 않고 더욱 구원을 갈망하면서 날마다 말씀을 상고함으로 믿는 자가 많아졌다는 것입니다.

하나님께서 이런 이방인의 심령을 예비하신 것입니다. 놀랍지 않습니까? 하나님이 어떻게 복음 불모지인 유럽 땅에, 세속적이고 이교적인 유럽 땅에 복음이 들어가도록 만드셨을까요? 인간의 생각으로는 상상할 수 없고 어떤 전략으로도 예측하기 어렵습니다. 하지만 하나님은 바로 그곳에 이방인들의 심령을 준비해놓으셨습니다.

하나님의 예비하심 3 복음의 핵심 메시지

셋째, 복음의 핵심 메시지입니다. 성령의 인도함을 받은 바울 일행과 초대교회 성도들은 혼란스럽거나 혼잡하게 말씀을 전하지 않았습니다. 아주 선명하고 강력한 복음의 핵심 메시지가 주어진 것입니다. "뜻을 풀어 그리스도가 해를 받고 죽은 자 가운데서 다시 살아나야 할 것을 증언하고 이르되 내가 너희에게 전하는 이 예수가 곧 그리스도라 하니"(행 17:3). 바울 일행이 데살로니가에 있는 유대인의 회당에서 강론할 때에도 성경의 핵심 메시지는 "십자가의 그리스도, 예수가 곧 그리스도다. 구원자, 메시아다"라고 외친 것입니다.

유대인들이 구약성경 내내 그토록 그리스도를 기다려왔으면서 그들은 엉뚱하게도 정치적 세속적 권력을 가진 메시아, 자기들의 탐욕에 맞는 구세주를 기다리고 있었습니다. 모세의 율법을 자랑하고 연구하면서도 그들의 눈이 베일에 가려 있는 것처럼 말입니다. "오늘까지 모세의 글을 읽을 때에 수건이 그 마음을 덮었도다"(고후 3:15). 즉 성경을 연구하고 문자 하나도 틀리지 않으려고 하는 열심을 내지만 하나님이 성경을 통해 주셨던 핵심적인 본질을 깨닫지 못하는 것입니다.

"그러나 언제든지 주께로 돌아가면 그 수건이 벗겨지리라"(고후 3:16). 해답은 아주 간단합니다. 언제든지 십자가의 그리스도에게 돌아가면 그 수건이 벗겨져서 복잡하고 난해하게 보이던 성경이 한 줄로 꿰집니다. 천둥번개보다 더 강하게 창세기부터 요한계시록까지의 모든 말씀이 "예수가 그리스도다. 예수면 다다. 주님에게 구원이 있다. 영생이 있다. 그분만이 하나님을 만나는 길이요 진리요 생명이다"라는 이 단순한 진리를 가리킨다는 것을 깨닫습니다.

십자가의 예수 그리스도, 그분이 그리스도 되신 이 놀라운 사실을 알게 될 때 역사의 모든 문제가 풀리고 인생사가 풀립니다. 영광의 자유함에 이르게 됩니다. 성령님은 사랑하는 당신의 종들을 붙들어서 그들로 하여금 이 놀라운 진리를 확신을 가지고 외치게 했습니다. 그것이 성령께서 펼치시는 선교행전에 아주 중요한 요인이자 하나님의 예비하심이었습니다.

계속되는 주님과의 행진

성령이 펼치신 선교행전은 하나님의 거침없는 예비하심인 유대인 디아스포라, 이방인의 준비된 심령 그리고 순종의 전문가였던 바울 선교 일행들의 확실한 복음 메시지가 '여호와 이레'가 되어 열린 인류의 새 시대입니다. 혼탁한 미세먼지, 탁류와 같은 세상을 거둬내고 찬란한 하늘의 영광의 빛을 드러내셔서 듣는 모든 이가 구원을 얻는 역사를 이루어내십니다.

우리에게도 동일한 은혜를 주셨습니다. 우리의 어떠함과 상관없이 우리가 아무리 허술해 보여도, 하나님의 도움을 받아 세워진 모든 교회인 우리는 하나님이 우리의 심령의 간절한 마음과 하나님을 사모하는 마음, 그리고 복음의 키(key)가 되는 십자가와 부활의 그리스도를 만나게 해주셔서 주님 앞에서 날마다 진리의 충만함과 새 힘으로 승리의 전진을 하게 하십니다.

날마다 생생한 복음, 오늘도 생생한 주님과 함께 주님이 예비하신 여호와 이레를 경험하며 걸어간 사도행전 속 유럽의 이방인들처럼 우리도 놀라운 주님과의 행진을 계속하게 될 것입니다.

🌱 오늘, 묵상 Devotion for Today
_____

하나님께서 예비하신 세 가지가 무엇입니까? 이 말씀이 참인가 날마다 성경을 상고했던 이방인의 심령 가운데 복음의 핵심인 예수 그리스도를 쏟아 부어주신 주님이 오늘 우리에게도 동일한 은혜를 주기 원하십니다. 하나님이 준비하신 십자가의 완전한 복음, 주님과 영원히 동행하는 은혜를 누리시기 바랍니다.

나에게 생생한 복음

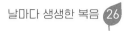

그리스 아테네에서 나타난 복음의 능력

바울과 실라가 함께하는 선교행전을 보면 "바울이 아덴에서 그
들을 기다리다가 그 성에 우상이 가득한 것을 보고 마음에 격분
하여"(행 17:16)라는 말씀이 나옵니다. 그들이 그리스 아테네에
도착한 것입니다. 그리스 아테네라고 하면 고대 인본주의 문명
이 꽃핀 헬라 문명과 철학의 본산지입니다.

세상 한복판에서 복음을 외치다

하나님을 떠난 인간의 문명과 지성의 한복판에 십자가의 복음
을 들고 간 바울 선교팀은 수많은 우상뿐만 아니라 '알지 못하는
신에게'라고 제단까지 봤습니다. 하나님이 세상을 사랑하시는
놀라운 진리를 알고 있고 인류 구원의 뜨거운 사랑의 복음을 가
지고 있는 바울은 하나님이 빠진 공허함 그리고 혼돈, 하나님의
말씀을 듣지 못하고 알지 못하는 인생들의 현주소를 말해주는
우상을 보고 심정이 불이 타서 견딜 수가 없었습니다.

   결국 회당에서 유대인 디아스포라들과 함께 변론하고, 장터

에서 만나는 사람들과 날마다 변론하는데 그와 변론한 사람들 중에는 그리스 철학에 대단한 자부심을 가진 에피쿠로스와 스토아 철학자들도 있었습니다. 그들에게도 바울이 아주 강력한 십자가와 부활의 복음을 전한 것입니다. 성경의 핵심을 견고히 붙든 예수 그리스도의 십자가의 복음에 대한 확신과 증언 그리고 그에 따르는 삶이 강력한 초대교회를 이루는 비결이었습니다.

하나님이 인류에게 성경을 주신 목적은 너무나 분명합니다. "또 어려서부터 성경을 알았나니 성경은 능히 너로 하여금 그리스도 예수 안에 있는 믿음으로 말미암아 구원에 이르는 지혜가 있게 하느니라 모든 성경은 하나님의 감동으로 된 것으로 교훈과 책망과 바르게 함과 의로 교육하기에 유익하니 이는 하나님의 사람으로 온전하게 하며 모든 선한 일을 행할 능력을 갖추게 하려 함이라"(딤후 3:15-17). "이 예언의 말씀을 읽는 자와 듣는 자와 그 가운데에 기록한 것을 지키는 자는 복이 있나니 때가 가까움이라"(계 1:3). "내가 진실로 진실로 너희에게 이르노니 내 말을 듣고 또 나 보내신 이를 믿는 자는 영생을 얻었고 심판에 이르지 아니하나니 사망에서 생명으로 옮겼느니라"(요 5:24).

성경은 하나님이 누구이신지, 세상과 사람을 왜 창조하셨는지, 어떻게 인간이 타락하고 고통 가운데 빠졌으며 비극을 맞이

나에게 생생한 복음

했는지, 그 비극에서 어떻게 구원받을 수 있는지, 또 그 길을 주님이 어떻게 마련해주셨는지, 마지막으로 잃어버렸던 영원한 천국과 영생을 누리는 장래의 소망, 새 하늘과 새 땅의 소망이 무엇인지를 깨닫게 하십니다. 결국 하나님께로 나아가는 모든 것을 잃었던 우리가 그것을 다시 얻게 되는 길은 진리와 생명 되신 예수 그리스도이십니다.

복음의 핵심에서 벗어나지 마라

십자가의 그리스도가 성경의 핵심이고 복음의 본질이며 복음 그 자체입니다. "형제들아 내가 너희에게 전한 복음을 너희에게 알게 하노니 이는 너희가 받은 것이요 또 그 가운데 선 것이라 너희가 만일 내가 전한 그 말을 굳게 지키고 헛되이 믿지 아니하였으면 그로 말미암아 구원을 받으리라 내가 받은 것을 먼저 너희에게 전하였노니 이는 성경대로 그리스도께서 우리 죄를 위하여 죽으시고 장사 지낸 바 되셨다가 성경대로 사흘 만에 다시 살아나사"(고전 15:1-4).

이것은 복음의 핵심을 아주 확고하게 짚어주는 말씀입니다. 창세기부터 요한계시록까지 이 초점이 빗나간 적이 없고, 성경의 방대한 지식과 정보는 이 진리를 더욱 견고하고 확실한 결론으로 알게 해주십니다. 결국 성경과 복음의 핵심은 내가 누구인지, 그리고 이런 나를 구원해주신 그리스도가 누구이신지에 대한 대답입니다.

그런데 이 복음의 핵심에서 빗나가면 우리는 수많은 미혹과 혼돈에 빠지게 됩니다. 성경을 제대로 모르면 사람들은 인간적인 철학과 다른 종교와 헛된 것으로 혼란스러워집니다. 그러니까 심지어 성경을 안다고 말하면서도, 기독교라는 이름을 가지고 있으면서도 수없는 가짜 그리스도, 적그리스도, 수많은 변종, 복음의 핵심에 이르지 못하게 하고 생명 없는 종교로 전락하게 하는 거짓 교훈이 난무하는 것입니다.

이런 혼돈은 말세가 되면 될수록 더 심해집니다. 그렇기 때문에 인본주의 문명의 꽃이었던 그리스 아테네에서 외친 강력하고 단순하고 명확했던 복음은 2천 년이 지난 지금, 말세를 맞이하고 있는 지금 사실 우리에게 더욱 필요하고 더욱 명료하고 확실해져야만 하는 것입니다. 성경을 살아 계신 하나님의 말씀으로 결론 내지 않는 인간의 지적 호기심이나 탐구, 변론을 위한 어리석은 인간 죄인의 교만이 끝내 패망에 이르게 하는 것입니다.

그러니까 바른 성경을 알고 성경의 핵심, 복음의 본질을 안다는 것은 생명을 얻게도 하고 잃게도 하는 결과를 가져오는 중요한 이야기입니다. 성경을 끌어안고 성경을 운명처럼 대하고 사는 유대인들도 복음의 핵심과 결론에 미치지 못하자 예수님이 오셔서 그들의 허무한 모습을 지적하셨습니다.

"너희가 성경에서 영생을 얻는 줄 생각하고 성경을 연구하거니와 이 성경이 곧 내게 대하여 증언하는 것이니라 그러나 너희가 영생을 얻기 위하여 내게 오기를 원하지 아니하는도다"(요 5:39-40). "여호와께서 이르시되 가서 이 백성에게 이르기를 너희가 듣기는 들어도 깨닫지 못할 것이요 보기는 보아도 알지 못하리라 하여 이 백성의 마음을 둔하게 하며 그들의 귀가 막히고 그들의 눈이 감기게 하라 염려하건대 그들이 눈으로 보고 귀로 듣고 마음으로 깨닫고 다시 돌아와 고침을 받을까 하노라 하시기로"(사 6:9-10).

유대인들만 그렇습니까? 아닙니다. "육에 속한 사람은 하나님의 성령의 일들을 받지 아니하나니 이는 그것들이 그에게는 어리석게 보임이요, 또 그는 그것들을 알 수도 없나니 그러한 일은 영적으로 분별되기 때문이라"(고전 2:14). 결국 복음의 핵심에 이르지 못하면 말씀을 혼잡하게 가르치고 성령을 받아들이지 못하고 육적으로 살아갈 뿐입니다.

십자가 복음에 부딪쳐라

왜 성경을 듣고 연구하고 깊은 신학적인 탐구를 하면서도 생명과 변화를 얻지 못할까요? 그 어느 때보다도 많은 자료와 정보를 가지고 있으면서 왜 초대교회 같은 강력한 복음의 능력과 변화와 생명력을 얻지 못하는 것일까요? 우리는 성경의 예수 그리스도를 믿는 믿음을 통해서만 구원받아 거듭난 생명이 되어 살아 계신 하나님을 만나고 생명의 진리를 따라서 성령님의 힘으로 살아가는 새 백성, 영의 사람이 됩니다. 그런데 핵심 본질인 십자가와 부활이라는 예수 그리스도의 복음이 혼잡해진 것입니다.

왜냐하면 복음의 핵심과 본질에 부딪히면 단순히 연구만 하고 지나갈 수가 없습니다. 십자가의 복음은 내가 누구인지를 정확히 보여줍니다. 죄인의 심령이 견딜 수 없도록 우리의 실상을 발칵 드러내어 회개하지 않고는 견딜 수 없게 만듭니다. 진리의 빛으로 우리의 혼과 영과 관절과 골수를 찔러 쪼개고 우리의 양심을 마구 흔들어댑니다. 그렇기 때문에 십자가의 복음을 자꾸만 외면하려 하는 것입니다.

그러나 예수 그리스도의 복음을 받아들이면 그리스도와 함께 십자가에 못 박히고, 내 안에 그리스도가 생명이 되어 그리스도로 살아가는 영의 사람이 되도록 우리를 이끄십니다. 이 단순 명확하고 강력한 복음이 결코 우리를 이전의 삶으로 돌아갈 수 없게 합니다. 어떤 경우에도 혼돈되지 않고 아주 뚜렷하고 선명한 길을 발견하고, 어떤 것으로도 섞이지 않는 영원한 생명의 진리를 발견하게 되는 것입니다.

초대교회의 복음은 단순 명확했고, 그리스 아테네에서 그 복음의 능력이 나타났습니다. 그들은 호화롭게 꾸몄지만 허무하고 공허한 인본주의 철학과 혼돈된 종교에서 하나님의 말씀을 듣지 못하고 알지 못한 그들에게 강력한 복음이 증거되자 하나님의 놀라운 복음의 승리가 일어난 것입니다.

마지막 때 사람들의 한껏 부풀어오른 교만, 인간의 지성과 문명, 그리고 쾌락을 사랑하는 지독한 고통의 때에, 교회는 순전한 십자가 부활의 복음으로 무장해야 합니다. 복음에 부딪쳐 생명된 증인들이 생명의 성령 공동체가 되어야 합니다. 그 생명의 능력을 온 세상에 밝히 드러내고 마지막 주님 오실 길을 예비할 때 빛이 어둠을 이기듯이 승리하게 될 것입니다.

날마다 성경을 상고하고 진리를 사모하면 왜 예수면 다인지, 왜 복음이면 다라는 복음의 사자후(獅子吼)를 외칠 수 있는지 알게 됩니다. "내게 능력 주시는 자 안에서 내가 모든 것을 할 수 있느니라"(빌 4:13), "여호와는 나의 목자시니 내게 부족함이 없으리로다"(시 23:1). 주님은 이 믿음의 사자후를 발하는 자를 통해 어둠을 물러가게 하시고 하나님나라의 영광을 힘차게 비추어 초대교회와 동일한 구원의 역사를 이루실 것입니다.

무엇이 진리인지 어떻게 살아야 하는지 알 수 없이 뒤죽박죽 섞여버린 세상, 그리스 아테네와 비교할 수 없는 현대의 화려한 도시 속에서 더욱 분명히 붙들 것은 십자가 복음입니다. 여러분은 오늘도 십자가 복음이 결론입니까? 하나님 빠진 인생의 공허와 미혹과 세속의 물결 속에 여러분의 영혼이 휩쓸렸습니까? 오직 예수 그리스도를 결론으로 붙잡으시기 바랍니다.

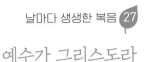

예수가 그리스도라

성령님의 인도함을 받아 열방을 향해 거침없이 전진하는 복음
의 일꾼들, 바울과 실라와 그 일행들이 드디어 상업의 중심지,
국제적인 교류가 활발하면서도 죄악이 넘쳐나고 혼란스러우며
음란하기까지 한 항구도시인 고린도에 도착했습니다.

"실라와 디모데가 마게도냐로부터 내려오매 바울이 하나님의
말씀에 붙잡혀 유대인들에게 예수는 그리스도라 밝히 증언하니
그들이 대적하여 비방하거늘 바울이 옷을 털면서 이르되 너희
피가 너희 머리로 돌아갈 것이요 나는 깨끗하니라 이후에는 이
방인에게로 가리라 하고"(행 18:5-6). 바울이 아주 강한 어조로
하나님의 말씀에 사로잡힌 결론, 성경의 진리의 핵심인 "예수는
그리스도다"라고 선포하고 있습니다.

사람이 하나님을 배반하고 에덴에서 쫓겨난 이후 하나님 없
이 방황하는 모든 인류의 유일한 희망은 구원자였습니다. 그렇
기 때문에 모든 상황에서 인류를 구원하고 끔찍한 죄와 사망의
저주를 해결할 수 있는 진정한 해방자, 구원자, 히브리어로는 메

시아, 헬라어로는 그리스도라고 말하는 그분이 누구인지가 초미의 관심사이자 역사상 가장 중요한 이슈이기도 했습니다.

예수님은 누구신가?

예수님이 이 땅에 오셨을 때 유일한 메시아 사상을 가지고 있었던 선택받은 민족이 유대인들이었습니다. 그들이 그토록 기다리던 메시아가 자신이라는 사실을 보여주셔야 하는 그때 주님이 제자들에게 이렇게 물으셨습니다. "사람들이 나를 누구라고 하느냐?" 사실 예수님의 충격적인 사역, 하늘의 기적들, 권세 있는 말씀 그리고 그분의 탁월한 인격, 가히 누구와도 비교할 수 없는 예수님의 출현은 대단한 충격이었고, 설레는 기대감을 갖기에 충분했습니다. 그럼에도 불구하고 예수님에 대한 견해는 다양했습니다.

엘리야, 예레미야 혹은 선지자 중에 한 분일 것이라는 사람들도 있었습니다. 사람들은 흔히 예수님을 인류의 위대한 스승, 4대 성인 중에 한 분이라고 부르기도 합니다. 사회 혁명가, 사회 운동가, 종교인, 문제 해결사라고 하기도 하는데 그 어떤 것도 예수님의 진정한 정체를 바로 말하지 못했습니다. 그러자 예수님이 제자들에게 다시 물으셨습니다. "그럼 너희는 나를 누구라고 하느냐?" 적어도 예수님의 선택을 받고 함께 사역했던 열두 제자만큼은 예수님이 누구신지 분명하고 정확한 대답을 해야 했습니다.

그때 성령께서 시몬 베드로에게 지혜를 주셨습니다. "주는 그리스도시요 살아 계신 하나님의 아들이시니이다"(마 16:16). 이 고백을 듣고 예수님이 매우 기뻐하시며 "이를 네게 알게 한 이는 혈육이 아니요 하늘에 계신 내 아버지시니라 또 내가 네게 이르노니 너는 베드로라 내가 이 반석 위에 내 교회를 세우리니 음부의 권세가 이기지 못하리라"(마 16:17-18)라고 말씀하셨습니다.

미리 약속된 메시아

예수님이 그리스도라는 것은 사실 성경 전체의 내용이며 예수님 스스로 증언하신 일이고, 또 하나님이 친히 여러 모양으로 직접 인정해주신 일입니다. 그뿐만 아니라 예수님은 십자가와 부활의 사역을 통해서 이를 확증하셨습니다. 성경도 이것을 성경의 결론으로 선언하고 있습니다. 예수님께서 인류의 유일한 구원자이시고 우리 죄의 대속자로서 우리의 모든 것을 온전히 구원하실 수 있는 하나님이 보내신 메시아, 그리스도라는 이 사실이야말로 인류에게 들려질 기쁜 소식, 복음 중의 복음입니다. 그래서 "복음에는 하나님의 의가 나타나서 믿음으로 믿음에 이르게 하나니 기록된 바 오직 의인은 믿음으로 말미암아 살리라"(롬

1:17)라고 한 것입니다.

천하에 이런 파격적인 조건이 또 어디 있겠습니까. 믿기만 하면 어마어마한 문제와 끔찍한 운명에서 구원받을 뿐 아니라 하늘에 속한 모든 신령한 복으로 우리가 그토록 추구하는 영원한 자유, 평화, 영생 그리고 모든 죽음의 문제가 해결됩니다. 이것이 '믿음' 하나면 충분하다고 말할 수 있는 유일한 근거는 예수님이 그리스도가 되시기 때문입니다. 예수님이 그리스도의 자격을 갖지 못하고 그리스도의 사역을 이루지 못했더라면 이 이야기는 공허한 이야기가 됩니다. 기독교는 여기에 생명이 걸려 있습니다. 그것이 교회의 기반과 반석이 되는 것입니다.

그러니까 예수가 그리스도인 것은 모든 신학의 정점이자 결론이요 영성의 최후 확증입니다. 이 결론을 붙잡지 않은 신학, 이 결론이 없는 영성, 이 결론이 없는 체험은 모두 공허하고 빗나간 것입니다. 주님께서 그리스도가 되셨다는 것이야말로 복음 중에 복음이고 복음의 핵심이기 때문입니다. 그래서 "이 복음은 하나님이 선지자들을 통하여 그의 아들에 관하여 성경에 미리 약속하신 것이라"(롬 1:2)라고 말씀합니다. 성경을 통해서 미리 약속된 메시아라는 것입니다.

인간이 범죄한 이후 최초의 복음이라고 하는 "내가 너로 여자와 원수가 되게 하고 네 후손도 여자의 후손과 원수가 되게 하리니 여자의 후손은 네 머리를 상하게 할 것이요 너는 그의 발꿈치를 상하게 할 것이니라 하시고"(창 3:15) 이 말씀을 통해 하나님은 처음으로 타락하고 범죄하여 쫓겨난 인류에게 일방적으로 구원자이신 메시아를 보내주시겠다고 약속하셨습니다. 하나님은 또다시 선지자 중의 선지자였던 이사야 선지자를 통해 "그러므로 주께서 친히 징조를 너희에게 주실 것이라 보라 처녀가 잉태하여 아들을 낳을 것이요 그의 이름을 임마누엘이라 하리라"(사 7:14)라는 말씀으로 그 약속을 확증해주셨습니다.

하나님이 인정하신 메시아

예수님은 하나님이 인정하신 메시아입니다. 천하에 메시아라는 이름으로 역사에 등장했다가 소멸해 간 수많은 종교적인 메시아, 정치적인 메시아, 사상적인 메시아가 있습니다. 스스로 메시아라고 하는 거짓된 그리스도, 적그리스도들이 지금까지도 끊임없이 일어났다 사라집니다.

그러나 하나님이 인정한 메시아는 오직 한 분이십니다. 바로 하나님의 아들이시며 죄 없으시고 신성(神性)과 인성(人性)을 모두 가지신 분, 하나님의 완전한 자격과 조건을 가지신 분은 바로 예수님이었다는 것을 성경이 선언합니다.

예수님이 세례 요한에게 세례를 받으시던 때에 "이는 내 사랑하는 아들이요 내 기뻐하는 자라"(마 3:17) 하는 하늘의 음성이 들려옵니다. 세례 요한도 말합니다. "보라 세상 죄를 지고 가는 하나님의 어린 양이로다"(요 1:29). "말씀이 육신이 되어 우리 가운데 거하시매 우리가 그의 영광을 보니 아버지의 독생자의 영광이요 은혜와 진리가 충만하더라"(요 1:14).

"이 복음은 하나님이 선지자들을 통하여 그의 아들에 관하여 성경에 미리 약속하신 것이라 그의 아들에 관하여 말하면 육신으로는 다윗의 혈통에서 나셨고 성결의 영으로는 죽은 자들 가운데서 부활하사 능력으로 하나님의 아들로 선포되셨으니 곧 우리 주 예수 그리스도시니라"(롬 1:2-4). "성경이 무엇을 말하느냐 아브라함이 하나님을 믿으매 그것이 그에게 의로 여겨진 바 되었느니라"(롬 4:3). 이것이 로마서의 증언입니다.

성경이 증언하는 예수님의 대속 사역

성경은 예수님의 대속 사역의 완성 또한 말하고 있습니다. "하나님의 사랑이 우리에게 이렇게 나타난 바 되었으니 하나님이 자기의 독생자를 세상에 보내심은 그로 말미암아 우리를 살리려 하심이라 사랑은 여기 있으니 우리가 하나님을 사랑한 것이 아니요 하나님이 우리를 사랑하사 우리 죄를 속하기 위하여 화목제물로 그 아들을 보내셨음이라"(요일 4:9-10). 즉 하나님이 예수님을 우리에게 내어주셔서 화목제물로서 대속의 사역을 완성하셨음을 말합니다.

갈라디아서에도 "때가 차매 하나님이 그 아들을 보내사 여자에게서 나게 하시고 율법 아래에 나게 하신 것은 율법 아래에 있는 자들을 속량하시고 우리로 아들의 명분을 얻게 하려 하심이라"(갈 4:4-5), 이사야서에도 "우리는 다 양 같아서 그릇 행하여 각기 제 길로 갔거늘 여호와께서는 우리 모두의 죄악을 그에게 담당시키셨도다"(사 53:6)라고 예수님의 대속의 사역에 대해 말합니다.

주님은 십자가로 대속 사역을 완성하셨습니다. 그 누구도 그런 적이 없고 그런 자격도 없을 뿐만 아니라 화목제물로서 대속 사역을 감당한 이는 아무도 없습니다. 오직 예수 그리스도만이 그렇게 하셨습니다. 또한 예수님도 다음과 같이 직접 선언하셨습니다. "예수께서 이르시되 내가 곧 길이요 진리요 생명이니 나로 말미암지 않고는 아버지께로 올 자가 없느니라"(요 14:6). "너희가 성경에서 영생을 얻는 줄 생각하고 성경을 연구하거니와 이 성경이 곧 내게 대하여 증언하는 것이니라"(요 5:39).

예수는 그리스도라

예수님은 "내가 그리스도다"라는 주장 때문에 십자가에 달리셨습니다. 예수가 그리스도라는 이 말만 타협했다면 세상은 예수님에 대한 성경의 이야기를 무척 좋아했을 것입니다. 그러나 그것을 타협한다면 복음은 거짓이 되는 것입니다. 기독교가 생명력을 잃는 근원적인 이유는 수많은 좋은 이야기와 사람들이 좋아하는 이야기를 따라가다가 핵심과 본질을 잃어버린 것에 있습니다.

초대교회의 성령행전은 어디서 무엇을 하든 어떤 경우에도 예수는 그리스도라는 복음의 핵심과 본질을 놓친 적도 없고 왜곡한 적도 없고 흐리게 만든 적도 없습니다. 이것이 초대교회를 초대교회 되게 한 것입니다. 그러니까 예수가 그리스도라는 복음을 외칠 때 유대인들이 이를 대적하여 비방하면 바울은 그냥 옷을 털면서 "너희 피가 너희 머리로 돌아갈 것이다. 예수가 그리스도라는 이 분명하고 확실한 복음을 거부한다면 너희는 그것을 생명으로 갚아야 할 것이고 그 죗값이 너희에게로 돌아갈 것이다. 나는 분명히 선언하고 증언했기 때문에 아무 잘못이 없다"라고 선언한 것입니다.

이후 초대교회에 영향력 있는 지도자 아볼로가 등장하는데 그는 언변이 좋고 성경에 능통한 유대인이었습니다. 성경에 깊이 있는 탁월한 선생이었습니다. 하지만 그가 가르치는 말씀에 핵심이 빠져 있었습니다. 그래서 브리스길라와 아굴라가 그를 데려다가 하나님의 도를 더 자세히 설명해주었습니다. 그러자 아볼로의 가르침의 핵심이 달라졌습니다. "이는 성경으로써 예수는 그리스도라고 증언하여 공중 앞에서 힘있게 유대인의 말을 이김이러라"(행 18:28). 바로 예수가 그리스도이심을 증명하고 논박했기 때문입니다.

예수님이 그리스도이심을 드러내지 않는 신학은 궁금해할 필요도 없습니다. 영성의 가장 깊은 곳에 가면 예수는 그리스도라고 하는 사실이 너무도 분명히 드러날 것입니다. 모든 영성의 정점, 신학의 최후 결론, 그리고 우리 신앙의 생명은 예수가 그리스도라는 것입니다. 주님은 영원히, 그리고 지금도 참된 구원자이십니다.

🌿 오늘, 묵상 Devotion for Today

예수를 누구라고 생각하십니까? 이 단순하고 짧은 질문이 신앙의 다림줄이 됩니다. 예수가 그리스도라는 짧은 고백이 우리 신앙의 핵심입니다. 이것이 바로 우리 신앙의 생명이요, 죽음 이후 닥칠 심판과 영원한 운명을 결정짓는 관건이기 때문입니다. 이 동일한 질문을 여러분에게 드립니다. "당신에게 예수님은 누구십니까?"

내 생각과 열심보다 크신 하나님

주님을 따라가다보면 때때로 설명하지도 않고 이해할 수 없는 상황으로 가라고 하셔서 당황할 때가 있습니다. 그런데 지나보면 언제나 그러하듯이 내 생각보다, 내 열심보다 크신 하나님이심을 깨닫고 그분을 경배하지 않을 수가 없습니다. 믿음의 선배들의 삶의 여정도 우리와 크게 다르지 않았습니다. 특히 복음의 새 시대, 성령의 시대를 맞이하여 역사 가운데 모습을 드러낸 초대교회의 바울과 선교팀 일행들이 겪는 흥미진진한 여정에는 어려운 순간들이 한둘이 아니었습니다.

주님이 한 걸음 한 걸음 이끄셔서 아시아에 복음의 길이 열렸습니다. 지금이야말로 아시아에 복음이 전진할 때인 것 같았는데, 주님이 그 길을 허락하지 않으시고 바울에게 마게도냐인의 환상을 보이십니다. 아시아의 선교를 막으시는 상황에서 모든 이해를 뛰어넘는 마게도냐인의 환상을 보고 바울 일행은 그들의 계획이나 생각과 다르지만 하나님께서 그들을 강력하게 인도하신다는 사실을 깨닫고 순종하여 마게도냐로 건너갔습니다.

마게도냐의 첫 성 빌립보에서 시작한 여정 중에 그들은 하나님께서 예비해놓으신 복음에 목마른 사람들과 무르익은 영혼들을 만나 주님의 놀라운 유럽 선교의 역사를 경험하게 되었습니다.

짐작할 수 없이 큰 하나님의 역사

시간이 흘러 바울이 3차 선교 여행을 하던 중 2차 선교 여행 때 허락되지 않았던 소아시아를 주님이 허락해주셔서 에베소라는 대도시에 이르게 되었습니다. 바울은 에베소에서 열두 사람의 제자들을 얻었습니다. 그리고 회당에 들어가 유대인들에게 석 달 동안 하나님나라의 일을 강론하고 권면하면서 담대하게 하나님나라를 전했습니다. 그때에도 마음이 완고한 유대인들이 강력하게 들고일어났습니다. 그러자 바울은 그들을 떠나 제자들을 따로 세우고 두란노 서원에서 날마다 강론하기를 무려 2년이나 진행합니다.

"두 해 동안 이같이 하니 아시아에 사는 자는 유대인이나 헬라인이나 다 주의 말씀을 듣더라"(행 19:10). 정말 놀라운 일이 벌어진 것입니다. 하나님의 말씀이 아주 강력하게 전파되기 시작합니다. 그곳은 교통의 요지이자 관문이기 때문에 다양한 지역에서 온 사람들이 복음을 듣고 아시아 전역으로 퍼져나가 복음을 선포하게 하신 것입니다. 이렇게 우리는 하나님의 일하심을 가히 짐작할 수가 없습니다. 잠시 당혹스러웠고 이해할 수 없는 상황이 펼쳐져서 늦은 것 같고 멈춘 것 같았지만, 하나님의 때에 문이 열리자 아시아에 사는 유대인이나 이방인 모두 복음을 듣게 하시는 놀라운 전략이 일어났습니다.

그뿐만이 아닙니다. 바울이 복음을 증거할 뿐만 아니라 바울의 손으로 놀라운 능력을 행하게 하십니다. "하나님이 바울의 손으로 놀라운 능력을 행하게 하시니 심지어 사람들이 바울의 몸에서 손수건이나 앞치마를 가져다가 병든 사람에게 얹으면 그 병이 떠나고 악귀도 나가더라"(행 19:11-12). 엄청난 센세이션이 일어난 것입니다. 그러자 유대의 제사장 스게와의 일곱 아들들이 예수님의 이름과 바울의 이름으로 흉내를 내는데 악귀가 그들에게 덤벼들어서 사기꾼들을 완전히 망신을 줍니다. "악귀가 대답하여 이르되 내가 예수도 알고 바울도 알거니와 너희는 누구냐 하며 악귀 들린 사람이 그들에게 뛰어올라 눌러 이기니 그들이 상하여 벗은 몸으로 그 집에서 도망하는지라"(행 19:15-16).

이 소문이 퍼지면서 에베소에 사는 유대인과 이방인들이 모두 두려워하였습니다. 또 마술을 부리던 사람들이 그들의 책을 모아 가지고 와서 불태웠는데 책값만 은 5만이나 되었다고 합니다. 이렇게 하나님과 예수님의 이름을 높이는 일들이 일어나니

나에게 생생한 복음

까 주님의 말씀이 힘을 얻고 흥왕하여 점점 세력을 얻게 되었습니다(행 19:20).

이렇게 바울은 큰 도시 에베소가 발칵 뒤집히는 역사를 보게 됩니다. 그동안 멈춰 섰던 것 같은 시간과 비교가 안 될 만큼 하나님이 하시는 일은 위대했습니다. 내 생각과 내 열심과 비교할 수 없이 하나님이 위대하시다는 것을 다시 한번 밝히 드러내주신 것입니다.

총체적 복음 앞에 서다

우리의 왕 되신 예수님을 믿고 따르는 길은 기대감이 넘치지 않을 수가 없습니다. 당장은 당혹스럽고 사방이 막힌 것 같고, 설명해주시지 않아 답답하고 믿음의 걸음을 지지해주시지 않는 것만 같아 다 끝난 것 같습니다. 하지만 그런 시간 속에서도 순종의 끈을 놓지 않고 전진하다보면 내 생각과 열심보다 더 크신 하나님, 내가 생각하지도 못했던 하나님을 경험하게 됩니다.

저희 순회선교단만 해도 2002년 전까지는 급한 마음으로 전 세계를 다니면서 선교 완성을 위한 연합을 이루어서 주님을 빨리 오시게 하려고 했습니다. 정말 열심히 6대륙을 다녔는데 주님은 우리의 생각과는 달랐습니다. 사역을 펼쳐나가야 하는 시기에 열매를 맺지 못하게 하시고, 저희 자신들의 연약함에 부딪히게 하시고, 발목이 붙잡혀 주저앉게 하셨습니다.

그 시간을 보내면서 저희 순회선교단은 총체적인 복음 앞에 서게 되었고 총체적 복음 앞에 서서 우리에게 복음이 실제가 되는 놀라운 기적을 경험했습니다. 그 후 개인의 모든 생각을 다 내려놓았습니다. 방향이 완전히 바뀐 것입니다. 정말 충격적인 변화였습니다. 저희는 모든 계획을 다 내려놓았고 오직 완전한 복음이면 충분하다는 것을 깨달았습니다.

한국 교회와 세계 선교지 안에서 저희가 할 수 있는 일은 아무것도 없었습니다. 오직 주님만이 역사하는 것을 보고 싶다는 열정에 사로잡혀 복음과 기도라는 이 두 가지 결론을 굳게 붙잡았습니다. 우리의 계획과 열정으로 전 세계를 다니던 방식을 멈추고 하나님 앞에 복종하고 순종하는 믿음의 자리로 나아간 것입니다. 그저 복음에 감격하고 순종하며 기도할 뿐이었습니다. 우리는 그 복음과 기도를 통해 가히 설명할 수 없는, 우리의 생각을 뛰어넘으시는 하나님의 놀라운 역사를 경험했습니다. 정말 행복하고 감격스러운 시간들이었습니다.

그 이후로는 우리가 이해할 수 없고, 길이 막히고 멈춘 것 같은 상황들을 맞이해도 당황하지 않았습니다. 경험이 있기 때문입니다. 내 생각, 내 열심보다 크신 하나님이 우리의 작은 순종을 받으시고 직접 역사하시는 것을 바라보며 기뻐하고 기다릴

나에게 생생한 복음

줄 알게 된 것입니다.

2002년에 저희를 총체적인 완전한 복음 앞에 세우시고 온전한 믿음으로 나아가게 하신 후 2003년에는 '기도 24·365 운동'을 통해서 복음을 펼쳐나가게 하십니다. 그리고 복음과 기도의 동맹군들과 함께 "다시 주님 앞으로, 복음과 기도로 돌아가면 하나님이 행하신 기적을 보게 될 것이다"라고 일찍부터 외치게 하시고 '다시 복음 앞에' 운동을 펼치게 하셨습니다.

코로나 사태가 벌써 2년이 지나가지만 당황하지 않습니다. 왜냐하면 일찍이 경험하게 하셨고, 하나님의 크고 위대한 일을, 우리 교회와 공동체와 온 국가와 열방 안에서 행하시는 주님의 일을 알기 때문입니다.

다만 이때 우리에게 필요한 것은 우리의 급한 손길을 내려놓고 우리의 조급한 삶을 돌아보며 주님의 복음의 빛 앞에서 오직 주님만이 높임을 받으시도록, 복음을 영화롭게 하고, 기도의 능선을 구축하고, 절대적인 순종으로 더 정결하고 순결하게 우리의 태도를 갖추는 것입니다. 그렇게 할 때 에베소에서 일어나는 하나님의 놀라운 기적을 보게 되는 것입니다.

에베소의 승리를 기억하라

지금 우리는 쉽지 않은 시간을 보내고 있습니다. 각자 얼굴이 다른 것처럼 서로 처한 상황과 영적인 형편들이 다릅니다. 그러나 하나님은 동일하십니다. 주님은 2천 년 전이나 지금이나 어떤 형편에 처해 있든지 상관없이 신실하십니다. 그리고 우리의 생각과 우리의 열심보다 크십니다.

그러니 낙심하지 마시기를 바랍니다. 또 절망하거나 포기하지 마시기 바랍니다. 영원하신 주님 앞에 그런 말은 어울리지 않습니다. 우리는 오직 믿을 뿐이고 더 기뻐할 뿐입니다. 그래서 우리는 소망 중에 즐거워할 뿐입니다.

주님이 우리를 하나님 앞에서 완전한 축복으로 이끄십니다. 또한 나를 통해 이루고자 하시는 하나님의 일도 지금은 실패처럼 보이고, 막힌 것처럼, 먼 길로 돌아가는 것처럼 보이지만, 아닙니다. 주님의 시간에 멈춰 있을 뿐입니다.

우리 눈에 보이지 않아도, 주님의 크신 역사가 천천히 돌아가는 맷돌같이 보일지라도 그것이 일을 이루어낼 때는 우리가 백 년 천 년 이룬 것보다 더 대단할 것입니다. 우리는 기쁨으로 모든 상황에서 승리할 것입니다.

그러니까 주님 앞에 부끄러운 사진 찍히지 말고 믿음으로, 멋지게 승리합시다. 에베소의 승리를 기억하면서 진리의 허리띠를 굳게 매고, 주님 앞에 굳게 서서 주님을 기뻐하며 순종의 걸음을 걸어갑시다!

우리는 살면서 나의 계획과 뜻대로 흘러가지 않고 이해할 수 없는 상황을 만나게 됩니다. 그런데 순종의 발걸음을 걷는 가운데서 이런 상황을 맞이하게 됐다면 더 당황스럽고 어려울 것입니다. 여러분은 지금 어떤 어려운 시간을 보내고 계십니까? 그 시간 속에서 무엇을 붙잡겠습니까? 내 생각, 내 열정보다 크신 주님, 선하신 주님을 신뢰하시기 바랍니다.

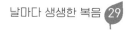

멈추지 않는 순종

여러 해 전 부모님을 잃어버린 아이들, 미아가 발생한 가정들, 참 가슴 아프고 뼈아픈 이야기를 주제로 방송이 된 적이 있었습니다. 방송사에서는 미아가 발생한 가족들, 아이를 찾지 못한 가족들의 사례를 인터뷰하려고 수소문했지만 대부분 인터뷰에 응하지 않았고, 이미 파산한 상태였다고 합니다.

아이를 잃어버리고 찾지 못했다는 것은 죽었는지 살았는지 생사도 확인이 안 된다는 것입니다. 차라리 죽었다고 하면 포기하고 잊을 수가 있는데, 하늘 아래 어딘가에 살아 있는데 찾을 수가 없어 미아가 발생했다면 그 가족들의 비참함은 말로 다 표현할 수 없습니다.

그런데 그중에 딱 한 분, 아내마저 아이를 잃어버렸다는 충격으로 죽고, 가족도 다 뿔뿔이 흩어졌지만, 홀로 십여 년이 지난 어린 딸의 사진을 확대해서 낡은 차에 도배하고 이곳저곳 정처 없이 찾아다니는 아빠를 어렵게 인터뷰하게 되었습니다.

인터뷰하는 분이 "기나긴 시간, 집안도 망하고, 가족도 다 잃

나에게 생생한 복음

어버리고, 아내는 죽고, 본인도 병이 들었는데 그만두고 싶을 때는 없었나요?"라고 묻자 한숨을 길게 쉬면서 "왜 없겠습니까. 몇 번이고 그만두고 싶은 생각이 들었습니다. 그런데 그런 생각을 하고 잠이 들면 꼭 꿈속에 딸아이가 나타나서 '아빠, 나 포기하지 말아주세요, 아빠, 나 포기하지 말아주세요'라고 하니 목숨이 붙어 있는 한 어떻게 그만둘 수 있겠습니까?"라고 답했습니다. 참 가슴 저리고 마음 아픈 이야기입니다.

포기할 수 없는 열정

한국이 선교를 받은 지 150년 이상의 시간이 흘렀습니다. 한국이 처음 선교를 받았던 그 당시는 선교를 받을 만한 상황이 아니었습니다. 지구촌 어느 나라보다 가장 강퍅하고 복음을 받아들이지도 않는 조선 말기, 끔찍하고 폐쇄된 이 땅에 외국인이 오는 것은 상상할 수 없었습니다. 더군다나 지금같이 국제적인 관계가 열려 있지도 않을 때라 선교 자체가 불가능했습니다.

최초의 순교자로 알려진 토마스(R. J. Thomas) 선교사는 한국에 들어오자마자 대동강에서 참수를 당했습니다. 그뿐만 아니라 부산 지역에 처음 당도한 젊은 호주인 데이비스(Joseph Henry Davies) 선교사는 한양에서 5개월간 언어를 배우고 부산에 내려갔지만, 풍토병에 걸려 한국 땅에서 사역 한번 제대로 해보지 못하고 숨지고 말았습니다.

호주 선교부는 긴급히 회의를 했고 한국 선교는 아직 때가 아니라며 거의 포기할 뻔했지만, 이 땅을 포기하지 않으시는 성령의 간절한 열정이 그들에게 임하여 선교를 포기할 수 없도록 만들었습니다. 선교사를 잃은 호주 선교부는 오히려 더욱 선교에 힘썼습니다. 주님의 열정을 보게 된 것입니다.

누가복음 15장에는 세 가지 비유가 나옵니다. 바로 잃은 양을 찾은 목자 비유, 잃은 드라크마를 찾은 여인 비유, 잃은 아들을 되찾은 아버지 비유입니다. 잃어버린 한 마리의 양을 찾는 목자의 간절한 노력과 찾은 다음 주체할 수 없이 기뻐하는 목자의 심정, 드라크마 하나를 잃어버렸던 여인이 찾고 기뻐하는 모습, 그리고 탕자가 돌아오기를 기다리던 아버지가 보여준 마음들은 전부 하나님 아버지의 마음을 아주 절절하게 표현해주신 예수님의 비유입니다.

누가 그 마음을 다 알 수 있겠습니까? 99마리는 다 있는데 한 마리가 길을 잃었습니다. 애쓸 만큼 애쓰고 할 만큼 해서 더는 못하겠다고 그 한 마리를 포기하면 어떻게 됩니까? 만약 그 한 마리가 나라면 어떻게 됩니까? 하늘 아버지의 마음은 그 한 마리도 포기하지 않는다는 것을 주님이 말씀해주신 것입니다. 정말 가슴이 먹먹해지는 이야기입니다.

　　　　　　　　　　　　　　나에게 생생한 복음

"예루살렘과 온 유대와 사마리아와 땅 끝까지 이르러 내 증인이 되리라 하시니라"라고 말씀하실 때 하나님의 마음은 이미 예루살렘에서 땅 끝에 가 있으셨습니다. 복음 안에서 발견한 하늘 아버지의 마음, 나 하나를 사랑하기 위해 하늘 영광을 버리고 이 땅으로 찾아오시고, 수많은 난관과 포기할 뻔한 많은 시간이 흐르는 동안에도 주님은 끝내 포기하지 않으셨습니다.

나 같은 악독한 죄인을 끝내 찾아내서 구원해주신 하나님의 그 열정으로 복음을 깨닫고 주님을 만나 복음의 엄청난 감격 앞에 기쁨으로 울며불며 통곡하다가 정신을 차리고 생각난 것은 어떻게 예루살렘에서 시작한 복음이 지구 반대편 이 땅까지 와서 수천만 명 중에서 나조차도 포기했던 나를 끝끝내 포기하지 않으시고 반역하는 내 심령을 끝까지 두드리셨느냐 하는 것입니다.

이런 주님의 마음에 부딪히고 나면 내 구원의 감격에만 머물러 있을 수가 없습니다. 이미 예루살렘에 복음을 주실 때 땅 끝을 보셨던 주님께서 나의 심령 안에 마음을 부어주시면 누가 가르쳐주지 않아도 내 지경, 내 비전, 내 꿈, 내 인생을 넘어서 주님의 마음이 있는 그 곳에 내 마음도 저절로 가게 되어 있습니다.

땅 끝에 잃어버린 한 영혼, 누군가 찾아가주지 않는다면 나처럼 비참하게 하나님 없이 살아갈 수밖에 없는 그 영혼들을 생각하면 포기할 수 없습니다. 만약 그 영혼이 나였다면 어떡하겠습니까? 그래서 "주님, 저를 끝까지 찾아주세요"라고 외치지 않을 수가 없는 것입니다.

로마도 보아야 하리라

바울은 "이 일이 있은 후에 바울이 마게도냐와 아가야를 거쳐 예루살렘에 가기로 작정하여 이르되 내가 거기 갔다가 후에 로마도 보아야 하리라 하고"(행 19:21)라는 고백합니다. 사도 바울이 언제 그런 생각을 하는지 아십니까? 바로 1,2차 선교 여행을 마치고 아시아와 유럽에서 많이 전도했을 때, 복음이 전파되는 기적도 보고, 가는 곳마다 두들겨 맞고 거의 죽을 뻔해서 버려지기도 하고 끊임없는 동족 유대인들의 방해와 여러 병이 들었을 때, 정말 할 만큼 했다고 할 만큼 최선을 다한 뒤였습니다.

그리고 3차 선교 여행 때는 에베소에서 주님의 영광을 보았습니다. 아시아 전역으로 퍼져가는 복음을 보았습니다. 유대인이나 헬라인이 모두 복음을 듣고 하나님의 능력과 표적과 기적으로 온 아시아가 들썩거리는 주님의 영광스러운 사역의 승리도 보았을 때였습니다.

이만하면 개인이 볼 수 있는 모든 영광을 충분히 보았기 때문에 쉬고 싶었을 텐데 바울은 아니었습니다. 유럽과 아시아의 영광을 보고 나서 그의 마음은 더 깊은 목마름으로 견딜 수 없었습니다. 예루살렘에 반드시 가겠다고 합니다. 주님이 행하신 위대한 일을, 영광스러운 복음을 나의 사랑하는 동족에게도 증언해야 하기 때문에 바울은 끝내 멈출 수 없었습니다. 그때 당시 세계의 중심지였던 로마까지 가서 세계 모든 땅 끝의 영혼들이 주께로 돌아오는 그 영광을 보고 싶었던 것입니다. 그러니까 멈출 수 없었던 것입니다.

포악했던 바울의 심령 안에 어떻게 끊이지 않는 열정이 생길 수 있었을까요? 그것은 바울의 마음이 아니라 하나님의 열정이기에 가능했습니다. "나는 시온의 의가 빛같이, 예루살렘의 구원이 햇불 같이 나타나도록 시온을 위하여 잠잠하지 아니하며 예루살렘을 위하여 쉬지 아니할 것인즉"(사 62:1). 주님은 이 땅의 잃어버린 영혼들에게 이렇게 말씀하신 것입니다. "너 포기하지 마. 나는 안 된다고 말하지 마. 내가 다시는 너를 버림받은 자라 부르지 않을 것이고 황무한 땅이라고 말하지 않을 거야. 태초에 너를 향해 꿈꾸던 꿈 그대로 만들 거야. 예수 믿고 복 받은 거 정도에 나는 멈출 수 없어. 너의 이름을 쁄라, 헵시바라고 할 거야. 그리고 신부를 향한 신랑의 사랑으로 끝내 너에게서 나의 영광을 드러내고 말 거야."

"예루살렘이여 내가 너의 성벽 위에 파수꾼을 세우고 그들로 하여금 주야로 계속 잠잠하지 않게 하였느니라 너희 여호와로 기억하시게 하는 자들아 너희는 쉬지 말며 또 여호와께서 예루살렘을 세워 세상에서 찬송을 받게 하시기까지 그로 쉬지 못하시게 하라"(사 62:6-7). 잃어버린 한 영혼을 찾기까지 끊이지 않는 열정, 주님의 그 잃어버린 영혼을 향한 하늘 아버지의 마음이 바울을 향해 쏟아졌던 것처럼 다른 영혼들에게도 그 열정을 쏟기 위해 "저 땅 끝까지, 내가 로마도 보아야 하리라"라고 고백한 것입니다.

땅 끝에서 마지막 한 영혼이 돌아올 때까지

주님은 바울의 심령 안에 불을 거두지 않으셨습니다. 그렇기 때문에 바울도 "나 이제 이만큼 했어요. 이제 더는 볼 것이 없습니다"라고 말할 수 없습니다. 거기서 멈출 수 없는 것입니다. 이 땅에 호흡하고 사는 날 동안에 내게 건강을 허락해주시는 한, 우리가 기도할 수 있는 한, 땅 끝에 있는 마지막 한 영혼이 돌아올 때까지 그리스도의 마음으로 주님의 복음을 전파해야 합니다.

주의 마음 부음을 받은 사람, 그 큰 사랑으로 구원을 경험한 사람의 심령 안에는 땅 끝이 주님의 영광을 보게 되는 그날까지, 그날의 영광을 구하기까지 물러서지 않으리라는 결단이 있습니다.

나에게 생생한 복음

나이, 건강, 형편, 능력은 아무 방해가 되지 못합니다. 이제 우리는 내 설움에 울어서는 안 되고 주님의 눈물을 가져와야 합니다. 주님의 그 간절한 소망을 가져와야 하는 것입니다. 주님이 쉬라고 하시는 날까지 우리는 쉴 수 없습니다. 주님이 쉬지 않으신다는데, 주님이 멈추지 않으시는데, 주님이 끝나지 않았다고 하는데 어떻게 끝났다고 말할 수 있습니까.

주님은 우리가 이런 기도를 하기 원하십니다. "주님, 주님의 눈물을 내 눈에 담아주십시오. 주님의 그 심장을 내 안에 담아주십시오. 그리고 저에게 받으실 만한 것이 있다면 제 심장의 고동이, 제 폐부의 호흡이 마지막 숨을 몰아쉴 때까지 딴짓하지 않게 하시고, 최후의 순간까지 주님의 영광을 보기까지 쉬지 않게 하시고, 기도가 멈추지 않게 하시고, 순종이 멈추지 않게 해주세요. 그리고 주님과 함께 기쁨으로 그날의 영광을 같이 맞이할 수 있게 해주세요."

☘ 오늘, 묵상 Devotion for Today

잃어버린 영혼을 향한 하나님의 열심이 예루살렘을 통하여 극동의 나라, 대한민국까지 전파되어 마침내 소망 없는 우리의 영혼까지 전달되었습니다. 하나님 아버지의 마음은 땅 끝의 한 영혼이 돌아올 때까지 기다리시는 탕자의 아버지의 마음입니다. 여러분에게도 그 마음이 있습니까?

별처럼 빛나는 사람

"바울이 아시아에서 지체하지 않기 위하여 에베소를 지나 배 타고 가기로 작정하였으니 이는 될 수 있는 대로 오순절 안에 예루살렘에 이르려고 급히 감이러라"(행 20:16). 평소 바울 같지 않은 매우 급하고 아주 단호한 태도가 보이는 구절입니다. 그런데 "보라 이제 나는 성령에 매여 예루살렘으로 가는데 거기서 무슨 일을 당할는지 알지 못하노라 오직 성령이 각 성에서 내게 증언하여 결박과 환난이 나를 기다린다 하시나"(행 20:22-23)라는 말씀을 보면 예루살렘에 가면 고난이 있으리라고 성령님이 바울에게 일러주셨다는 것입니다.

하나님의 은혜의 복음을 증언하는 사명

그럼에도 불구하고 바울은 무언가에 잔뜩 마음이 사로잡혔는지 아주 단호한 태도를 보입니다. "내가 달려갈 길과 주 예수께 받은 사명 곧 하나님의 은혜의 복음을 증언하는 일을 마치려 함에는 나의 생명조차 조금도 귀한 것으로 여기지 아니하노라"(행

20:24).

그가 받은 사명을 다른 사람들은 알 수가 없었습니다. 바울 자신의 심령 안에 자신만 아는 사명의 길이 있었던 것입니다. 내가 달려갈 길과 주 예수께 받은 사명, 즉 주님이 내게 주신 하나님의 은혜의 복음을 증언하는 일을 마치려 함에는 나의 생명조차 고려할 대상이 아니고 조금도 귀한 것으로 여기지 않겠다는 것입니다. 목숨을 걸 만큼, 인생 전체를 사로잡을 만큼 강렬한 열망이 그에게 있었습니다.

그것은 바로 하나님의 은혜의 복음입니다. 총체적이고 완전한 하나님의 복음, 예수 그리스도와 성경이 그토록 말해왔고 예수 그리스도를 통해서 성취된 복음, 마침내 성령님을 우리에게 보내주셔서 하나님과 원수 되었던 우리를 하나님의 사랑받는 자녀로 바꾸어주셨습니다. 그뿐만 아니라 유한하고 허무하던 우리의 비참한 인생을 하나님과 영원한 영생의 풍성함을 누리도록 하는 놀라운 은혜를 값없이 주셨습니다.

이 복음이 그의 심령 안에 생명으로 주어졌기에 죽음에서 영생의 삶이 되었을 뿐만 아니라 그에게 사명이 되었습니다. 바울이 하나님의 사랑, 주님의 보배로운 복음을 깨닫고 예루살렘으로 향하려고 할 때는 3차 선교 여행을 거의 마칠 무렵이었습니다. 에베소에서 아시아의 큰 승리를, 유럽에서 복음의 큰 승리를 경험했습니다. 이만하면 아주 혹독한 대가를 치렀습니다. 끊임없는 핍박과 몇 번의 죽음의 고비를 넘기고 이제 그의 몸도 질병과 노쇠함으로 쉴 만도 한데 그를 쉬지 못하게 하는 열정이 있었습니다. 그것이 바로 "하나님의 은혜의 복음을 증언하는 일을 마치려 함에는 나의 생명조차 조금도 귀한 것으로 여기지 아니하노라"(행 20:24)입니다. 이 열정이 그의 가슴을 불타오르게 한 것입니다.

그의 불타오르는 심정을 표현한 말씀이 곳곳에 있는데 "내가 거기 갔다가 후에 로마도 보아야 하리라"(행 19:21)도 그런 말씀입니다. 그런데 왜 로마로 가는 길에 예루살렘에 가고 싶어 했는지 의문이 생깁니다. 물론 표면상으로 그에게는 예루살렘교회가 영적인 모태와 같은 모교회였으며 그 교회가 여러 가지 환난과 기근으로 큰 어려움을 당하고 있었고, 그래서 이방 교회가 그리스도 안에서 한 형제 된 사랑으로 모은 헌금을 예루살렘교회에 전달해주기 위해서였습니다. 하지만 죽음을 각오하고 결박과 환난이 기다린다는데도 예루살렘에 가야만 했던 이유는 그의 가슴을 불태우는 사명감 때문입니다.

불타오르는 사명 세 가지

첫째는 동족 유대인들에게 총체적이고 완전한 복음과 이방 교

　　　　　　　　　　　　　나에게 생생한 복음

회도 하늘 유업을 똑같이 함께 받은 한 몸 된 공동체, 즉 예수 그리스도의 핏값으로 말미암아 유대인과 이방인의 벽을 허물고 보배롭고 하나 된 지체라는 것을 알려주고자 함이었습니다. 결국 복음 안에 나타난 완전한 복음과 이방 교회가 유대인과 한 소망을 가진 한 몸 공동체라는 사실을 전해주고 싶었던 것입니다.

"내가 그리스도 안에서 참말을 하고 거짓말을 아니하노라 나에게 큰 근심이 있는 것과 마음에 그치지 않는 고통이 있는 것을 내 양심이 성령 안에서 나와 더불어 증언하노니 나의 형제 곧 골육의 친척을 위하여 내 자신이 저주를 받아 그리스도에게서 끊어질지라도 원하는 바로라"(롬 9:1-3).

바울은 "내 가슴 안에 애간장과 끊어지는 고통이 있다. 그것은 바로 하나님의 복음의 통로가 됐으면서도 복음을 모른 채 복음을 저버리고 대적하고 반항하는 내 동족 이스라엘이다. 나도 예전에는 그런 자였다…. 내가 그리스도에게서 끊어져서 내 동족 이스라엘이 구원을 받을 수만 있다면 나는 더 바랄 것이 없다. 차라리 내가 주님에게 버림받고 사랑하는 내 동족, 유대인이 구원받을 수만 있다면 난 더 바랄 것이 없다"라고 진실된 고백을 한 것입니다.

이어서 "형제들아 내 마음에 원하는 바와 하나님께 구하는 바는 이스라엘을 위함이니 곧 그들로 구원을 받게 함이라 내가 증언하노니 그들이 하나님께 열심이 있으나 올바른 지식을 따른 것이 아니니라 하나님의 의를 모르고 자기 의를 세우려고 힘써 하나님의 의에 복종하지 아니하였느니라"(롬 10:1-3)라고 고백합니다.

즉 "그들은 하나님께 열심이 있으나 올바른 지식을 따른 것이 아니다. 눈을 가리고 귀를 닫아서 하나님의 영적 비밀에 속한 그리스도의 십자가의 복음을 받지 못한다. 그래서 어처구니없게도 복음을 담아 이 세상에 보내는 통로가 됐으면서도 복음의 원수 노릇을 하고 있으니 너무너무 가슴이 탄다"라고 하는 것입니다.

결국 비밀의 복음을 이방 가운데 증거하고, 지금까지 자신의 삶을 통해 성령께서 일하신 간증을 예루살렘교회와 유대인들에게 드러내고 싶은 것입니다. 그렇기 때문에 죽기를 각오하고 예루살렘에 가는 것입니다. 총체적인 복음이 성경 전체의 결론이며 하나님이 주고 싶은 완전한 복음이라는 사실을 말해줄 사람은 자신밖에 없는 것입니다.

둘째는 예루살렘에서 복음을 확증하고 그 복음을 세계의 중심지인 로마교회로 보내기 위함이었습니다. 온 열방에 퍼질 복음을 감당할 중요한 교회가 로마교회였습니다. 그런데 아직 로마는 복음을 몰랐습니다.

그렇기 때문에 로마서를 통해 전해지는 복음은 자신의 개인적인 체험이 아니라 예루살렘교회와 유대 언약 백성이 믿은 복음이며 영광의 복음이라는 것과 총체적이고 완전한 복음이며 공인되고 완전하다는 것을 알게 해주고 싶은 열망이 있었던 것입니다. 그 또한 바울이 감당해야 할 일이었습니다.

셋째는 하나님의 특별한 섭리로 태중에서부터 자신을 구별하여 유대인 중의 유대인이면서 로마 시민권을 가진 자, 복음을 끝까지 핍박하다가 다메섹에서 부활한 예수님을 만난 증인, 이방인의 사도이면서 철저한 유대인으로 복음의 진정한 결론을 바르게 증언할 수 있는 것, 그것이 자신에게 주어진 사명임을 그가 깨달은 것입니다. 힘드냐 어려우냐는 그에게 문제가 되지 않았습니다. 내가 하고 싶으냐 아니냐를 뛰어넘어 주님 앞에 내 몫으로 짊어져야 하는 십자가, 나만이 감당할 수 있고, 부름받은 사명이 있는 것이었습니다.

에스더서에서 "네가 왕후의 자리를 얻은 것이 이 때를 위함이 아닌지 누가 알겠느냐 하니"(에 4:14)라는 말씀처럼 바울의 생애에 가장 의연하고 단호한 결의로 자신의 사명을 끝까지 감당하는 바울의 모습은 그의 생애를 가장 빛나게 해줍니다. 바울의 사명은 인간적인 염려와 애정과 만류에도 불구하고 그를 불타오르게 하고, 그를 멈출 수 없게 만들고, 끝내 그 길을 가게 했습니다. 그래서 바울은 죄수의 모습으로 로마까지 가게 되었습니다.

주님이 주신 사명을 감당하기 위해 성령에 매여서 생명을 건 각오로 사명을 다하기 위해 떠나는 사도 바울의 모습을 보면서, 이 땅에 오셔서 가장 험하고 가장 비참해 보이는 십자가에서 승리의 선언을 하며 하나님의 구원을 성취하여 하나님의 한을 풀어드린 주님이 생각납니다. 그 모습이 예수님의 가장 빛나는 모습이라고 생각합니다.

가장 빛나는 사명의 자리

그리스도인에게는 각자에게 주어진 길이 있습니다. 사명의 길입니다. 누구와도 비교할 수 없습니다. 다른 사람이 알아주느냐 아니냐를 따지는 저급한 차원의 길이 아닙니다. 은혜의 복음을 내 생명보다 귀하게 증거하는 사명이며 기도의 사명입니다.

주님을 만나기 전에는 주님이 맡겨주신 사명의 길에서 벗어나고 싶었지만, 주님을 만나고 변하면 주님이 주신 그 자리, 내가 감당할 십자가가 주님에게 최고의 순종과 사랑을 드릴 수 있는 자리가 되고, 내 존재가 가장 빛나는 자리가 됩니다.

주의 사랑에 매여, 성령에 매여 생명을 건 각오로 사명을 감당하기 위해 가는 바울의 모습처럼 나만이 갈 수 있는 길, 그 길에 서서 주님 앞에 최고의 사랑을 드리기를 바랍니다.

나에게 생생한 복음

바울은 복음 증거하는 일을 위해 자기 목숨도 아끼지 않았습니다. 결박과 환란이 기다리고 있대도 그보다 더 큰 사명의 부담감으로 예루살렘으로 나아갑니다. 우리에게도 주님이 주신 특별한 사명들이 있습니다. 사도 바울과 같이 거부할 수 없는 여러분만의 사명을 발견하셨습니까? 그렇다면 주님이 나를 통해 그 일을 친히 하실 수 있도록 나 자신을 내어드립시다. 선한 싸움을 싸우고 달려갈 길을 마치고 믿음도 지켰다고 증거하게 되기를 축복합니다.

나에게 생생한 복음

초판 1쇄 발행	2022년 3월 31일
지은이	김용의

펴낸이	여진구		
책임편집	안수경 김도연		
편집	이영주 정선경 진효지 최현수 최은정 김아진 정아혜		
책임디자인	마영애 노지현 │ 조은혜		
기획 · 홍보	김영하		
마케팅	김상순 강성민 허병용	마케팅지원	최영배 정나영
제작	조영석 정도봉	경영지원	김혜경 김경희

303비전성경암송학교 박정숙 최경식
이슬비전도학교 / 303비전성경암송학교 / 303비전꿈나무장학회 여운학

펴낸곳	규장

주소 06770 서울시 서초구 매헌로 16길 20(양재2동) 규장선교센터
전화 02)578-0003 팩스 02)578-7332
이메일 kyujang0691@gmail.com   홈페이지 www.kyujang.com
페이스북 facebook.com/kyujangbook   인스타그램 instagram.com/kyujang_com
카카오스토리 story.kakao.com/kyujangbook
등록일 1978.8.14. 제1-22

ⓒ 저자와의 협약 아래 인지는 생략되었습니다.
이 출판물은 저작권법에 의해 보호를 받는 저작물이므로 무단 전재와 무단 복제를 할 수 없습니다.

책값 뒤표지에 있습니다.
ISBN 979-11-6504-310-0 03230

규 │ 장 │ 수 │ 칙

1. 기도로 기획하고 기도로 제작한다.
2. 오직 그리스도의 성품을 사모하는 독자가 원하고 필요로 하는 책만을 출판한다.
3. 한 활자 한 문장에 온 정성을 쏟는다.
4. 성실과 정확을 생명으로 삼고 일한다.
5. 긍정적이며 적극적인 신앙과 신행일치에의 안내자의 사명을 다한다.
6. 충고와 조언을 항상 감사로 경청한다.
7. 지상목표는 문서선교에 있다.

하나님을 사랑하는 자 곧 그의 뜻대로 부르심을 입은 자들에게는 모든 것이 合力하여 善을 이루느니라(롬 8:28)

규장은 문서를 통해 복음전파와 신앙교육에 주력하는 국제적 출판사들의
협의체인 복음주의출판협회(E.C.P.A:Evangelical Christian Publishers
Association)의 출판정신에 동참하는 회원(Associate Member)입니다.